本书受2016年度湖北省社会科学基金项目《政府对新型农业经营主体的支持政策研究——基于政策传导机制视角》（项目编号：2016014）资助

ZHENGFU DUI XINXING NONGYE
JINGYING ZHUTI DE ZHICHI ZHENGCE YANJIU
—— JIYU ZHENGCE CHUANDAO JIZHI SHIJIAO

政府对新型农业经营主体的支持政策研究
——基于政策传导机制视角

张跃强 / 著

中国财经出版传媒集团

经济科学出版社
Economic Science Press

图书在版编目（CIP）数据

政府对新型农业经营主体的支持政策研究：基于政策传导机制视角/张跃强著.
—北京：经济科学出版社，2018.1
ISBN 978 - 7 - 5141 - 9028 - 1

Ⅰ.①政…　Ⅱ.①张…　Ⅲ.①农业经营-农业政策-研究-中国　Ⅳ.①F324

中国版本图书馆 CIP 数据核字（2018）第 025760 号

责任编辑：柳　敏　张　燕
责任校对：徐领柱
责任印制：邱　天

政府对新型农业经营主体的支持政策研究
——基于政策传导机制视角

张跃强 著
经济科学出版社出版、发行　新华书店经销
社址：北京市海淀区阜成路甲 28 号　邮编：100142
总编部电话：010-88191217　发行部电话：010-88191522
网址：www. esp. com. cn
电子邮件：esp@ esp. com. cn
天猫网店：经济科学出版社旗舰店
网址：http：//jjkxcbs. tmall. com
北京中科印刷有限公司印刷
710×1000　16 开　10.5 印张　200000 字
2018 年 1 月第 1 版　2018 年 1 月第 1 次印刷
ISBN 978 - 7 - 5141 - 9028 - 1　定价：49.00 元
（图书出现印装问题，本社负责调换。电话：010-88191502）
（版权所有　翻印必究　举报电话：010-88191586
电子邮箱：dbts@ esp. com. cn）

目　录

绪　论

一、研究背景与意义

（一）研究背景

随着我国工业化、城镇化进程的不断加快，农村劳动力大量向城镇和非农产业转移，未来谁来种地问题凸现，培育壮大规模化、专业化、集约化和市场化的农业经营组织、创新农业经营体制机制的要求日益迫切。为此，2012 年底的中央农村经济工作会议正式提出了培育新型农业经营主体。在当前我国经济发展进入新常态，如何在经济增速放缓、农业面临"双重挤压"和资源环境约束趋紧的背景下，促进农业转型发展，提升农产品竞争力，提高农民收入水平，需要新型农业经营主体发挥更大作用。

实践证明，新型农业经营主体的培育和壮大可有效促进农业发展、农民增收问题的解决。正因如此，我国自 21 世纪以来，特别是 2004 年以来，出台了一系列关于新型农业经营主体的支持政策。由此可看出：国家支持新型农业经营主体的愿望是强烈的，战略意图是明显的，并希望通过各项农业支持政策的有效传导，在培育和壮大新型农业经营主体的过程中，能够为农民带来实实在在的利益，为农村带来新的变化和希望，为农业发展带来新的生机和活力。

随着党和国家对农业发展、农民增收问题的高度重视，大量学者开始专注研究政府对新型农业经营主体出台的各项支持政策的效应并提出了相应的政策建议，如朱满德、程国强（2011）运用 PSE 方法全面评估了中国近年来所出台的支持政策的实施效果，并指出，在中国进入工业化、城镇化加速发展的关键时期，应健全农业支持保护制度、加大农业补贴支持力度、优化农业支持政策结构[①]。钟甫宁等（2008）以江苏省为例，实证研究了农业税减免和粮食直接补贴

[①] 朱满德、程国强：《中国农业政策：支持水平、补贴效应与结构特征》，载于《管理世界》2011年第 7 期，第 52~60 页。

政策的收入分配效应，结果发现，这两项政策可以在一定程度上缩小农村收入差距[1]。温铁军、刘怀宇（2009）指出：为解决农民就业、城乡收入差距过大等矛盾，需要尽快培育和壮大农民专业合作社、农产品加工企业等新型经济主体，为此，政府需改变长期投资结构并在新型经济主体培育方面给予政策倾斜和资金支持[2]。

上述学者的研究表明，政府对新型农业经营主体的支持政策在农业发展、农民增收方面的效应是极其显著的。通过对国内外学者的相关研究进行梳理后发现，国内外学者有关这些支持政策效果的研究较为深入，成果丰硕。但关于这些支持政策传导机制的研究还较为单薄。如何辨识政府对新型农业经营主体的支持政策传导要素及其相互关系？如何搭建政府对新型农业经营主体的支持政策传导机制的基本架构？如何总结政府对新型农业经营主体的支持政策传导机制的运行模式？如何探寻政府对新型农业经营主体的支持政策传导机制的运行路径？如何测度政府对新型农业经营主体的支持政策传导机制运行效应？如何完善政府对新型农业经营主体的支持政策传导机制？上述问题迫切需要从理论和实践的多维视角进行系统研究和深入分析，通过研究期许为政府更加合理地制定和有效实施对新型农业经营主体的支持政策提供理论储备和实践指导。

（二）研究意义

基于上述研究背景，研究政府对新型农业经营主体的支持政策传导机制，具有重大而深远的意义。

1. 理论意义

第一，有助于丰富和完善政府对新型农业经营主体的支持政策传导机制的理论成果。根据对相关文献资料的检索，目前学者关于政府对新型农业经营主体的支持政策传导机制问题的研究还较为单薄，通过本书研究，一方面可以充实政府对新型农业经营主体的支持政策研究的理论成果；另一方面可以为学者们进一步研究政府对新型农业经营主体的支持政策的传导机制奠定基础。

第二，有助于为测度政府对新型农业经营主体的支持政策传导机制运行的效应提供方法指导。本书将以政府对新型农业经营主体出台的重要支持政策之

---

① 钟甫宁、顾和军、纪月清：《农民角色分化与农业补贴政策的收入分配效应》，载于《管理世界》2008 年第 5 期，第 65 ~ 76 页。
② 温铁军、刘怀宇：《应对危机的投入政策与我国的"三农"问题》，载于《税务研究》2009 年第 11 期，第 3 ~ 8 页。

——农业补贴政策为例，运用合适的计量经济学模型测度农业补贴政策传导机制运行对农产品增产、农民增收以及农业经济增长的效应。这种方法可以为测度其他政策传导机制运行的效应提供借鉴和方法支持。

2. 现实意义

第一，政府对新型农业经营主体的支持政策传导机制关乎国计民生。为更好地解决"三农"问题，缩小城乡之间的发展差距，我国近年来制定并出台了多项有关新型农业经营主体的支持政策。这些支持政策对于我国农业经济发展、农村生产生活改善、农民收入水平提高具有重大而深远的影响。因此，通过政府对新型农业经营主体的支持政策传导机制的研究，可以较为准确地理清支持政策传导中的构成要素以及支持政策传导机制的运行路径，为提高政府对新型农业经营主体的支持政策传导机制的运行效果奠定基础。

第二，提高政府对新型农业经营主体的支持政策传导机制运行的效应有助于实现农业可持续发展。农业可持续发展是我国经济可持续发展的重要组成部分。但由于农业的高风险、低收益、弱质性等特点，导致农业可持续发展成为实现整个经济可持续发展的重要难题。因此，通过以农业补贴政策为例来测度政府对新型农业经营主体的支持政策传导机制运行的效应，并从效应的测度结果中反映出支持政策传导机制运行中存在的问题，最终给出相应的对策建议，这将有利于提高支持政策传导机制运行的效应，从而有助于实现我国农业的可持续发展。

二、相关文献综述

（一）国外相关研究文献

1933 年美国《农业调整法》通常被认为是最早研究农业支持政策的成果。该法明确提出美国当时推行农业支持政策的主要目标是通过对农产品给予市场价格支持，以期达到稳定农民收入的目的，这是农业支持政策的萌芽阶段。真正把农业支持问题作为一个专门的范畴进行比较规范研究的是 1957 年欧洲共同体成立后，以"共同农业政策"（CAP）的出台为标志。目前，国外关于政府对新型农业经营主体的支持政策的相关研究主要集中在以下四个方面。

（1）关于农业补贴政策的研究。农业补贴是一国政府运用财政手段对农业生产、流通、贸易等环节以及对特定的消费者实施转移支付，以达到四个方面的目的，一是通过农业补贴对本国农业进行扶持，实现农产品总量和结构的平衡；二是保证农业生产者享有公平生活的权利；三是促进多功能农业的实现；四是促进农业可持续发展。既然农业补贴对一国农业发展有重要作用，很多国家和地区，特别是发达国家和地区，非常重视对农业实行补贴。随着该政策的实施，很多学者对农业补贴政策开展了相关研究。其中，斯考特（Scott，1970）等学者主要探讨实行农业补贴政策的理论依据，他们指出农业补贴政策的思想已深深地渗入到几乎所有发达国家的农业政策中，并且对世界农产品的价格、贸易和福利产生了很大影响。亚历山大（Alessandro，1998）、经济合作与发展组织（OECD，2008）等学者和组织对欧盟、印度、中国、美国、韩国等世界不同国家和地区的农业补贴政策进行介绍和比较研究。丹尼尔·萨姆纳（Daniel A. Sumner，2012）介绍了美国农业补贴政策的历史及演变。此外，还有一些学者研究了中国的农业补贴政策。如弗雷德·盖尔等（Fred Gale et al.，2012）介绍了中国 2004 年推广的种粮直补等补贴政策，并指出中国农业支持政策仍需进一步改进。

（2）创建了农业政策的评估方法与评价指标，用以定量比较研究。如乔斯林（T. Josling，1973）提出的生产者补贴等值方法（Producer Subsidy Equivalent，PSE），20 世纪 80 年代中期，OECD 对 PSE 进行系统的修改和完善后，用以评估和监测 OECD 成员国农业政策改革进展与成效，之后随着农业政策措施的日益增多和政策影响更加深入，OECD 分别于 1999 年和 2007 年先后两次对 PSE 政策分类及计算方法进行系统地修改和调整，并更新 PSE 数据库。自 2000 年开始，OECD 将 PSE 方法扩展运用到俄罗斯、南非、巴西、中国等非 OECD 成员国家农业政策的评估。布鲁克斯和泰勒（Brooks and Taylor，2008）针对欠发达国家的实际情况，对 OECD 的政策评价模型进行了适当的修改。

（3）对农业支持政策效果的研究。OECD（1999）首次对 1996 年加入 OECD 的韩国的农业支持水平进行测算。奥尔加·梅尔尤希娜（Olga Melyukhina，2002）通过对七个被监测国家（保加利亚、爱沙尼亚、拉脱维亚、立陶宛、罗马尼亚、俄罗斯、斯洛文尼亚）的生产者支持等值和消费者支持等值的测算来研究转型国家的农业支持水平。OECD（2008）详细介绍了 OECD 最新版的农业支持政策评价体系，并于 2009 年具体研究了日本农业政策改革带来的效应。朱迪斯等（Judez et al.，2012）研究了欧盟共同农业政策 2003 年的改革是否能达到预期目标，并以奥地利为例进行 PASMA 模型分析，证明在"单一农场补贴"等方面欧盟共同农业政策达到了一定成效。

（4）相关政策传导机制的研究。在这方面，国外学者主要是从货币政策传导机制对经济发挥作用的角度来进行研究。拉米（Ramey，1993）运用向量误差修正模型和格兰杰因果检验方法，基于美国1954～1991年宏观月度数据研究后发现：货币渠道远比信贷渠道重要。奥利纳和鲁德波斯（Oliner and Rudebusch，1996）研究后表明，信贷渠道的影响效应与货币政策的类型有关，具体是在扩张性货币政策时期，其影响效应较好，但在前紧后松或前松后紧时期信贷渠道几乎没传导作用。

（二）国内相关研究文献

（1）利用OECD农业政策评价体系测算我国农业支持水平。田维明（1991）、朱希刚（1992）、程国强（1996）先后对我国主要农产品的生产者补贴等值进行了测算，并得到了1985～1995年期间我国农业支持水平为负值的结论。加入世界贸易组织后，田维明和张莉琴（2003）对1990～1999年期间我国10种主要农产品的政策支持水平进行了测算。李先德和宗义湘（2005）运用OECD农业政策评价方法对1994～2003年期间中国的农业支持水平进行衡量和评价。

（2）利用WTO农业政策评价体系测算我国农业支持水平。如张仲芳（1997）、东梅（2004）、李扬（2007）、陈波和吴天忠（2008）等、曹帅等（2012），所得出的结论主要是我国农业政策在"绿箱"政策的投入较低，而在"黄箱"政策方面仍然有一定的补贴空间，因此，当前应当继续稳定实施"黄箱"政策补贴，并逐步将农业支持政策由"黄箱"过渡到"绿箱"。

（3）介绍世界其他国家农业支持政策调整的经验，为我国农业支持政策改革提供借鉴。如秦富等（2003）、郭玮（2003）、姜国刚和丁玲（2007）、费振国（2007）、彭述林和吴宇（2008）、林学贵（2013）、杨秉珣（2014）对美国、欧盟、日本等国家和地区的农业支持政策演变历程及政策评价进行比较分析后，得出了可供我国农业支持政策改革借鉴的经验。温铁军等（2010）在对日本、欧盟、朝鲜、古巴等国家和地区农业政策调整的经验与教训分析的基础上，指出了中国农业发展政策的调整方向①。齐皓天和彭超（2015）根据2014年美国农业

---

① 温铁军、董筱丹、石嫣：《中国农业发展方向的转变和政策导向：基于国际比较研究的视角》，载于《农业经济问题》2010年第10期，第88～94页。

法案调整的主要内容，得出了对中国农业政策的启示①。王东阳等（2003）、张光和程同顺（2004）、郝冰（2005）、尹凤梅（2007）、冯继康（2007）、蔡海龙（2013）、吕晓英和李先德（2014）对美国农业政策的演变历程和现行美国农业支持政策体系进行了详细介绍，刘加林（2012）、董捷（2013）对日本农业支持政策的演变进程及现行农业支持政策的主要内容进行了介绍。张沈扬（2003）、李先德（2006）对 OECD 国家农业政策改革的背景、内容及改革过程中出现的问题进行说明和介绍，以为我国农业支持政策的改革提供更多经验。李先德（2003）介绍了法国农业支持政策②。朱满德等（2014）介绍了加拿大农业支持政策改革的效果及对中国的启示③。董运来等（2012）以美国为例，介绍了国外农业支持政策的架构特点，并得出了对中国的启示④。除了研究发达国家的农业支持政策调整的经验外，还有一些学者研究了发展中国家农业支持政策调整的经验，如李西林（2007）、杜辉（2013）研究了印度农业支持政策的改革及经验。也有学者将中外农业政策进行对比研究。如张朝华等（2014）对金砖五国（BRICS）（巴西、俄罗斯、印度、中国、南非）的农业支持政策进行比较分析，在此基础上指出了我国农业支持政策的取向⑤。白凌子等（2013）采用定性分析的方法，对中国与主要发达国家农业支持政策的实施目的以及采取的主要措施进行了比较研究⑥。

（4）对农业支持规模、结构、方式的研究。部分学者对农业支持的最优规模进行了测算，提出了农业支持的优先安排顺序（沈淑霞、秦富，2004；何振国，2005；胡振虎，2010）。朱满德、程国强（2011）运用 PSE 方法全面评估了近年中国农业支持政策的实施效果与结构变化特征。李普亮、贾卫丽（2011）借鉴"Armey 曲线"二次方程模型，研究得出地方财政农业投入的现实规模远远小于估算的最优规模。国内研究一般认为农业支持的重点在

---

① 齐皓天、彭超：《我国农业政策如何取向：例证美农业法案调整》，载于《重庆社会科学》2015年第1期，第21~29页。

② 李先德：《法国农业公共支持》，载于《世界农业》2003年第12期，第27~29页。

③ 朱满德等：《加拿大农业支持政策改革的效果及其启示》，载于《湖南农业大学学报》（社会科学版）2014年第5期，第61~69页。

④ 董运来等：《国外农业支持政策及对中国的启示》，载于《世界农业》2012年第10期，第54~60页。

⑤ 张朝华等：《基于 BRICS 比较的我国农业支持政策取向》，载于《中国科技论坛》2014年第4期，第141~147页。

⑥ 白凌子等：《农业支持政策的国内外比较研究》，载于《北京农学院学报》2013年第3期，第37~40页。

补贴方面，但是补贴形式隐蔽且范围几乎涉及农产品生产与流通的全过程，对农业生产的刺激作用不大（陈锡文，2005；韩俊，2006）。立足国情，将农业支持方式从流通转向生产（潘建伟、翟雪玲，2006），从间接支持转向直接支持（温铁军，2010），从隐形支持转向显形支持（张照新、陈金强，2007）。

（5）对农业支持政策的效应进行研究。在农业投入和补贴政策效应评价方面，研究结果表明粮食补贴对于促进粮食生产有积极作用，并且对收入增长有直接贡献（程国强，2011；梁世夫，2005；史清华等，2007；张照新和陈金强，2007；钟甫宁等；2008；周应恒等，2009；吴海涛等，2013；吴连翠和谭俊美，2013）。但分散的补贴对农民增收的作用很小（Gale et al.，2005）；粮食补贴政策效益要弱于粮食生产投入政策效益（何树权，2012），此外，刘长生和简玉峰（2005）对 WTO 框架下的生产补贴和出口补贴两项政策的政策效应进行了分析比较，谢凤杰和谭砚文（2007）运用新古典经济学分析方法，对封闭条件下的农业补贴的经济效应进行了静态分析，黄季焜等（2011）分析了农业补贴政策对家庭的影响，并认为农业补贴对农户收入增加是有效的，且不存在重大扭曲现象[1]。曹帅等（2012）对中国农业补贴政策的变动趋势及其影响进行了分析[2]。在农产品价格支持政策效应评价方面，宗义湘等（2007）研究认为农产品价格政策对农民收入具有正效应。叶兴庆（2016）综合考察了过去 10 年我国农产品价格支持政策的实际效果[3]。谷征（2014）结合 OECD 对农业支持政策的定义和测评方法，对我国 2003～2012 年间农业支持政策和农民收入之间的关系进行了分析，结果表明农业支持政策对农民增收起到了积极的推动作用[4]。

（6）对相关政策的传导机制进行研究。目前国内学者对农业支持政策传导机制的研究还较为单薄。高进田和张换兆（2006）、卢卫民（2010）、毛燕玲和

---

[1]　黄季焜等：《粮食直补和农资综合补贴对农业生产的影响》，载于《农业技术经济》2011 年第 1 期，第 4～12 页。

[2]　曹帅等：《中国农业补贴政策变动趋势及其影响分析》，载于《公共管理学报》2012 年第 4 期，第 55～63 页。

[3]　叶兴庆：《"十三五"时期农产品价格支持政策改革的总体思路与建议》，载于《中国粮食经济》2016 年第 1 期，第 28～32 页。

[4]　谷征：《我国农业支持政策对农民收入影响测评》，载于《农村经济》2014 年第 11 期，第 98～101 页。

肖教燎（2010，2015）等对土地政策的传导机制进行了研究①②③④。这些研究指出：土地政策的传导机制其实是一个开放的运行系统，在这个运行系统中，包括土地政策传导的实施主体、作用客体、传导运用的政策工具以及影响传导的环境因素。故土地政策的传导机制运行是多种力量、多种因素综合作用的结果，任何一个要素和环节出现问题，都会对土地政策传导机制的顺利运行构成障碍。为此，以上学者提出了完善土地政策传导机制的对策建议，如协调土地政策传导机制内部运行关系，整合各宏观职能部门政策调控资源，建立土地管理政策向"三农"倾斜机制，加强土地、资金和产业等信息预警和动态管理。此外，学者们对其他政策传导机制的研究也并不少，其中以货币政策的传导机制研究最为多见，他们的研究也可以为本书研究工作的开展提供一定的借鉴。邱力生（2000）指出，货币政策传导机制直接决定了货币政策效果，而信用制度不健全、金融组织结构欠佳、产权制度和利益机制障碍及管理偏差等都会对货币政策效果产生严重不利影响⑤。徐厦楠（2004）从利率机制的角度来研究我国货币政策的传导机制，指出利率的行政管制破坏了利率机制的内在平衡机制，进而导致利率结构失衡，无法形成合理的利率体系，影响了货币政策传导机制效果的发挥，因此，必须推进利率市场化改革，畅通利率传导机制，为货币政策传导机制作用的发挥奠定基础⑥。赵涛（2008）研究后指出，信贷渠道依然是我国货币政策传导的主要渠道⑦。何慧刚和何诗萌（2012）测度了我国货币政策传导机制的效应，并给出了完善货币政策传导机制的对策建议⑧。贾丽平（2015）运用 VAR

---

① 高进田、张换兆：《土地宏观调控的传导机制分析》，载于《开放导报》2006 年第 2 期，第 26～28 页。

② 卢卫民：《宏观调控中的土地政策传导机制》，载于《浙江学刊》2010 年第 3 期，第 188～191 页。

③ 肖教燎、贾仁安、毛燕玲：《土地调控政策：传导机制与理论命题》，载于《江西社会科学》2010 年第 3 期，第 182～187 页。

④ 毛燕玲、肖教燎：《系统论视角下的土地政策传导机制构建》，载于《江西社会科学》2015 年第 2 期，第 62～67 页。

⑤ 邱力生：《我国货币政策传导渠道梗阻症结及对策探索》，载于《金融研究》2000 年第 12 期，第 63～66 页。

⑥ 徐厦楠：《论我国货币政策传导中的利率机制》，载于《金融理论与实践》2004 年第 8 期，第 9～11页。

⑦ 赵涛：《商业银行信贷增长与货币政策传导》，载于《金融发展研究》2008 年第 12 期，第 72～73 页。

⑧ 何慧刚、何诗萌：《中国货币政策传导机制的效应分析》，载于《云南社会科学》2012 年第 6 期，第 73～77 页。

模型实证检验了流动性波动对我国货币政策传导机制的影响①。王璐和瞿楠（2016）探讨了货币政策中介目标的选择问题，并给出了完善货币政策传导机制的具体措施②。

（三）　对国内外研究文献的述评

目前，国内外学者关于加大农业支持力度、完善政府对新型农业经营主体的支持政策的讨论和研究较为深入，但有关支持政策传导机制方面的研究还较为单薄。现阶段政府对新型农业经营主体的支持政策传导机制究竟如何？政府对新型农业经营主体的支持政策传导机制的运行模式有哪些，运行路径是怎样的？政府对新型农业经营主体的支持政策传导机制运行的效应如何？政府对新型农业经营主体的支持政策传导机制还存在哪些问题？如何完善政府对新型农业经营主体的支持政策传导机制？关于这些问题，国内外学术界还缺乏较为深入的研究。基于此，本书将积极研究政府对新型农业经营主体的支持政策传导机制，力图为以上问题的解决提供方法和思路支持。

三、研究内容与研究方法

（一）　研究内容

绪论部分主要分析研究背景和选题意义，梳理和评述国内外相关研究文献，明确研究内容，阐释研究方法，介绍本书可能的创新点和研究局限。

第一章　核心概念与理论基础。本章首先对新型农业经营主体、农业支持、农业支持政策、政策传导、政策传导机制、农业支持政策传导机制等核心概念进行界定，其次指出了进行本书研究的理论基础，包括农业的基础性和弱质性理论、制度经济学理论、博弈论以及委托—代理理论等。

第二章　农业支持政策的演进与分类考察。本章首先分三个时间段对新中国成立以来农业支持政策的演变进行梳理；其次介绍农业支持政策的分类结果；最后针对新型农业经营主体，选取有代表性的农业支持政策进行考察。

第三章　政府对新型农业经营主体的支持政策传导要素分析与机制构建。本

---

① 贾丽平：《流动性波动影响我国货币政策传导机制的实证检验》，载于《国际金融研究》2015 年第 7 期，第 44～54 页。

② 王璐、瞿楠：《货币政策中介目标选择——基于金融创新和利率市场化的视角》，载于《河北经贸大学学报》2016 年第 2 期，第 58～67 页。

章依次分析政府对新型农业经营主体的支持政策传导主体、传导客体、传导工具以及传导环境；在此基础上，构建政府对新型农业经营主体的支持政策传导机制的基本框架。

第四章　政府对新型农业经营主体的支持政策传导机制的运行模式与路径。首先，介绍政府对新型农业经营主体的支持政策传导机制的运行模式，包括行政命令型模式和市场引导型模式；其次，分析政府对新型农业经营主体的支持政策传导机制的运行路径，包括基于空间维度的运行路径和基于时间维度的运行路径；最后，介绍政府对新型农业经营主体的支持政策传导机制运行中的信息反馈。

第五章　政府对新型农业经营主体的支持政策传导机制运行效应测度——以农业补贴政策为例。首先，指出政府对新型农业经营主体的支持政策传导机制运行效应测度的内容与方法；其次，以政府对新型农业经营主体的重要支持政策之一——农业补贴政策为例，分析农业补贴政策的传导机制；最后，介绍样本选取县市农业补贴政策实施情况，并运用 GM（1，1）模型依次从湖北省、湖北省蕲春县、湖北省恩施市等区域测度农业补贴政策传导机制运行对粮食增产、农民增收以及农业经济增长等的多维效应。在此基础上，得出相应的效应测度结论。

第六章　政府对新型农业经营主体的支持政策传导机制运行中的问题剖析。依据前文分析结果，首先，总结政府对新型农业经营主体的支持政策传导机制运行中的问题，如传导机制运行中存在的时滞过长、传导机制运行过度依赖行政命令模式等。其次，分析产生这些问题的原因，主要有：利益集团间存在利益博弈，延缓传导机制的运行；农村市场体系发育不健全，影响传导机制运行模式的运用；委托—代理成本较高，影响传导机制运行的效率等。

第七章　完善政府对新型农业经营主体的支持政策传导机制的思路与建议。针对政府对新型农业经营主体的支持政策传导机制运行中的问题剖析，首先，从协调各传导要素之间的关系、加大各项农业支持政策力度两方面给出完善支持政策传导机制的总体思路；其次，给出完善支持政策传导机制的具体建议。

（二）研究方法

本书以政府对新型农业经营主体的支持政策的传导机制为研究对象，以制度经济学、博弈论、委托—代理理论等为理论基础，并查阅大量的国内外关于农业支持政策研究的相关文献。从相关文献演绎推理出本书的研究点，这是研究的起点。在研究方法上，将综合运用定性分析和定量分析相结合的方法，其中主要研究方法有以下几种。

（1）阅读文献是进行学术研究的重要一环。因此，本书建立在对相关文献进行充分总结回顾的基础上来进行。本书研究文献主要来源于国内外数据库，其中，国外文献主要来源于 Springer 数据库、ScienceDirect（Elsevier）数据库，国内文献主要来源于中国知网和万方数据库以及相关的图书资料、政策文件。在文献查找方面，主要是利用新型农业经营主体、农业支持政策、传导机制、政策传导、政策传导机制、政策传导效果等关键词进行检索获得文献，在此基础上进行梳理和分析。

（2）调查研究法。为了了解政府对新型农业经营主体的支持政策传导机制的运行情况，特以湖北省这样的农业大省为例来进行研究，具体选择湖北省的黄冈、恩施两市州作为重点研究样本，并通过座谈、调查问卷等调查形式取得第一手的研究资料和研究数据。还通过网络、图书、报纸、期刊等形式掌握本书研究所需要的资料。通过对政府机构、农业企业和农民专业合作社等对象的调研，收集了政府对新型农业经营主体出台的支持政策的传导、支持政策资金的分配使用以及支持政策效果评价等方面的数据。

（3）比较研究方法。比较研究方法对于探求事物发展的规律、寻找不同事物之间、同一事物不同时间点之间的异同点，具有重要作用。因此，本书研究中很多内容采用了比较研究方法，例如将政府对新型农业经营主体的支持政策传导机制不同的运行模式、不同的运行路径进行比较分析；从湖北省总体、湖北省蕲春县、湖北省恩施市等不同层面将政府对新型农业经营主体的支持政策传导机制运行效应进行比较研究等。

（4）灰色系统预测模型分析方法。本书研究通过建立 GM（1，1）灰色预测模型，对我国农业补贴政策传导机制运行前后的粮食产量、农民收入以及农业经济增长的预测数据和实际数据进行对比分析，并透过农业补贴政策传导机制运行效应的测度结果，较为准确地把握政府对新型农业经营主体的支持政策传导机制运行效应。

四、数据来源与技术路线

（一）数据来源

本书的主要数据来源包括《中国统计年鉴》《中国农村统计年鉴》《中国财政年鉴》《中国金融年鉴》《湖北统计年鉴》《湖北农村统计年鉴》等宏观数据来源，以及赴湖北省黄冈市、湖北省恩施州实地调研的数据资料，另外还从国家统计局、湖北省统计局网站及其子网站获取了部分数据资料。

（二）技术路线

本书研究的技术路线如图 0-1 所示。

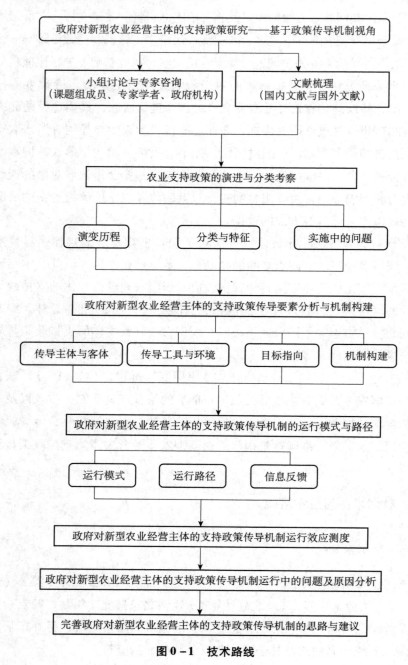

图 0-1 技术路线

五、创新与不足

（一）可能的创新点

（1）构建了政府对新型农业经营主体的支持政策传导机制的基本框架。从系统论的视角，将政府对新型农业经营主体的支持政策传导要素及要素之间的相互关系进行了梳理，形成了具有时空结构的支持政策动态复杂系统，结合政府对新型农业经营主体的支持政策传导过程的四个阶段，建立了政府对新型农业经营主体的支持政策传导机制的基本架构。

（2）探讨了政府对新型农业经营主体的支持政策传导机制的运行路径。空间维度的支持政策传导机制运行路径主要是依靠行政权力来实现，因而是政府对新型农业经营主体的支持政策被动的"操作"。时间维度的支持政策传导机制运行路径是以市场体系为基础，因而是政府对新型农业经营主体的支持政策自主的"运行"。然后，重点从传导方式、介质、受宏观面冲击、内因型风险、反馈功能等方面探讨了这两种运行路径的区别。

（3）分析了空间维度的支持政策传导机制运行路径的实现难点。在空间维度的农业支持政策传导机制运行路径中，出于自身利益最大化的考虑，地方政府可能有偏差地执行中央政府的政策，致使空间维度的支持政策传导机制运行路径不能有效实现，从而损害新型农业经营主体的利益。为此，基于道德风险模型的基本原理，提出了促进政府对新型农业经营主体的支持政策传导机制有效运行的最优线性问责机制。

（4）测度了政府对新型农业经营主体的支持政策传导机制运行效应。政府对新型农业经营主体的支持政策传导机制运行效应的测度包括农业增产、农民增收和农业经济增长，测度方法主要有前—后对比分析法、满意度分析法、计量模型法、多目标综合评价法、层次分析法等，但不同的方法适用于不同类型的支持政策。本书以农业补贴政策为例，选用 GM（1，1）模型来测度农业补贴政策传导机制运行的多维效应。

（5）剖析了政府对新型农业经营主体的支持政策传导机制运行中的问题。本书从运行时滞、运行模式、运行中的信息反馈、运行效率、运行效应等方面分析了政府对新型农业经营主体的支持政策传导机制运行中的问题，探讨了问题产生的深层原因。

（二）研究的不足

本书研究的不足之处：一是关于政府对新型农业经营主体的支持政策传导机制运行效应的测度，主要是以湖北省黄冈市和恩施州的农户、农业企业、农业专业合作社、政府相关管理部门为调查样本，缺乏对经济发展水平不同省份的调查分析，测度结果具有局限性。二是关于政府对新型农业经营主体的支持政策传导机制运行效应的测度，没有考虑各种类型的支持政策的特殊性，而只是以农业补贴政策为例进行考察，测度内容具有单一性。

第一章　核心概念与理论基础

本章在查阅相关文献的基础上，首先对本书研究中的核心概念进行界定，包括新型农业经营主体、农业支持与农业支持政策、政策传导与政策传导机制、农业支持政策传导机制等；其次介绍了本书研究运用的主要理论，包括农业的基础性和弱质性理论、制度经济学理论、博弈论、委托—代理理论等。

第一节　核心概念界定

一、新型农业经营主体

党的十八大报告明确提出，发展多种形式规模经营，构建集约化、专业化、组织化、社会化相结合的新型农业经营体系。党的十八届三中全会提出，坚持家庭经营在农业中的基础性地位，推进家庭经营、集体经营、合作经营、企业经营等共同发展的农业经营方式创新。可以说，发展各种类型的新型农业经营主体和推进规模经营，已成为我国加快现代农业建设，推进工业化、信息化、城镇化和农业现代化同步发展的战略性选择。

2012 年前，新型农业经营主体一词只是在部分理论研究和政策研究的文章中被提及。2012 年以来，新型农业经营主体开始出现在地方和中央的官方文件中，2012 年底的中央农村经济工作会议上正式提出了培养新型农业经营主体。对于新型农业经营主体的内涵，浙江省在《关于大力培育新型农业经营主体的意见》中提出：新型农业（含林业、渔业）经营主体是指在家庭承包经营制度下，经营规模大、集约化程度高、市场竞争力强的农业经营组织和有文化、懂技术、会经营的职业农民。因此，我们可以将新型农业经营主体定义为：具有相对较大的经营规模、较好的物质装备条件和经营管理水平，劳动生产、资源利用和土地产出率较高，以商品化生产为主要目标的农业经营组织。新型农业经营主体主要包括：专业大户、家庭农场、农民合作社、农业产业化龙头企业、农业经营性服务组织等。新型农业经营主体与传统承包农户"小而全"的经营方式相比，新型农业经营主体的特征主要表现在以下四个方面：一是以市场化为导向；二是以专业化为手段；三是以规模化为基础；四是以集约化为标志。

新型农业经营主体的功能和定位：一是从制度层面看，培育壮大新型农业经营主体是对我国以家庭承包经营为基础统分结合的双层经营体制的完善；二是从产业发展层面看，新型农业经营主体是构建现代农业产业体系的依靠力量；三是专业大户、家庭农场、农民合作社和龙头企业在现代农业中具有不同的功能和定位；四是承包经营农户与新型农业经营主体共同构建现代农业经营体系。

二、农业支持与农业支持政策

（一）农业支持

根据对已有相关研究文献的梳理和学习，笔者主要从农业支持的目的、作用方式、产生的效果等方面给出农业支持的定义。农业支持是政府通过在农业投入、农业补贴、农产品价格支持、农村金融、农业科技、农村扶贫开发等方面加大财政投资，以改善农业生产的基本条件，夯实农业发展的基础，从而可起到增强农业发展后劲，增加农民收入，实现农业可持续发展的效果。

（二）农业支持政策

在给出"农业支持"定义的基础上，笔者从农业支持的主体、客体、支持方式、目标效果等方面对农业支持政策进行界定。为此，农业支持政策的定义可表述为：政府力图通过财政支持或强制实行市场干预等方式，对农业生产者、经营者、管理者等农业经营主体进行各类支持与补贴，以达到降低农业经营成本、提高农业经营效率、繁荣农业市场、增加农民收入、促进农业持续发展的目标效果。需要说明的是，这里的农业支持政策不包括边境保护、市场准入等农产品贸易方面的政策，而主要包括农业投入支持政策、农业补贴政策、农产品价格支持政策、农村金融政策、农业科技政策和农村扶贫开发政策等。

三、政策传导与政策传导机制

（一）政策传导

"传导"一词起初是个物理学术语。在物理学中，把热从物体温度较高的部分沿着物体传到温度较低的部分，叫作传导。传导是热传递的三种方式之一（传导、对流和辐射）。后来，人们将"传导"一词引入经济学领域，探讨货币政策的传导、财政政策的传导、土地政策的传导等问题。经过对相关文献的梳理和学习，我们总结出"政策传导"是指当政策主体出台某项政策后，经过一系列的环节，并通过相应的机构和人员，将该政策最终传达给政策作用对象的过程。

（二）政策传导机制

"机制"[①]一词最早源于希腊文，是指机器的构造和工作原理。后来，人们将"机制"引入经济学研究，并提出了"经济机制"这一概念，所谓"经济机制"是指某一经济机体的各构成要素之间相互联系、相互作用的关系、功能、运行变化的规律等。从制度学的角度理解，"机制"是指为了实现某一目标（或目的）的一种制度安排。

目前，学术界对政策传导机制的研究主要是以货币政策传导机制居多。关于传导机制的概念，由于所研究对象的不同，不同学者给出的概念也不尽相同。比较有代表性的"传导机制"概念，是从研究物理学原理，逐步运用到经济管理领域的。如果运用到货币政策方面，则称之为"货币政策传导机制"，如果运用到土地政策方面，则称之为"土地政策传导机制"。

1. 货币政策传导机制

根据《新帕尔格雷夫货币金融大辞典》的解释，货币政策传导机制是指货币政策的变动经由某种渠道或变量的传导，进而影响真实经济变动的过程。通俗来讲，货币政策传导机制是指中央银行为了实现预期的调控目标（充分就业、物价稳定、经济增长以及国际收支平衡）而出台相应的货币政策，但这些货币政策不能直接作用于实体经济，而是需要通过影响各种中介目标（如利率、汇率、货币供应量等），最终才能实现预期的调控目标。在我国，货币政策传导机制的运行流程如图 1-1 所示[②]：

---

① 《辞海》对"机制"的定义是："原指机器的构造和动作原理，生物学和医学在研究一种生物的功能（例如光合作用或肌肉收缩）时，常借指其内在的工作方式，包括有关生物结构组成部分的相互关系及其之间发生的各种变化过程的物理、化学性质和相互关系，阐明一种生物功能的机制，意味着对它的认识已从现象的描述进到本质的说明"。参见《辞海》，上海：上海辞书出版社，1999 年，第 1510 页。

② 顾铭德、汪其吕、王晟：《我国货币政策传导机制的变迁、效应及疏导建议》，载于《财经研究》2002 年第 11 期，第 3 页。

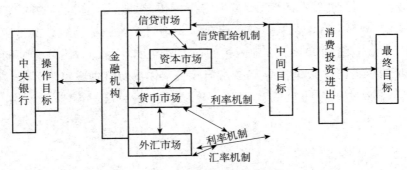

图 1 – 1　货币政策传导机制的运行流程

从图 1 – 1 中可看出，货币政策传导机制的运行流程为：中央银行基于一定的操作目标考虑，运用货币政策工具，作用于商业银行等金融机构，从而引起货币供应量、银行贷款规模、利率、汇率等中间目标的变化，这些中间目标发生变化后，相应地会引起市场上经济行为主体的消费、投资、进出口发生变化，最终导致总需求或总产出的变化，从而实现货币政策调控的最终目标。

2. 土地政策传导机制

所谓土地政策传导机制，是指中央土地管理部门运用各种土地政策工具，直接或间接地调整土地市场的供求关系，进而控制全社会的土地供应量和供应结构，使微观客体不断调整自己的经济行为，从而实现土地政策调控的最终目标。

从土地政策传导机制的概念中可以看出，在土地政策传导机制的运行过程中，有政策主体、政策客体，为了确保土地政策最终目标的实现，还需要运用相应的政策工具。

土地政策传导的具体过程如图 1 – 2 所示。

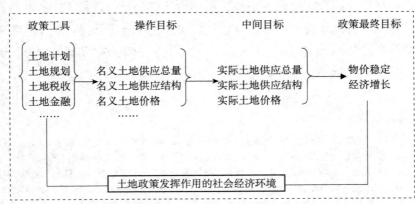

图 1 – 2　土地政策传导的具体过程

从图 1－2 中可看出，在土地政策传导的过程中，政策工具、政策目标以及影响政策传导的社会经济环境是必不可少的。

同时，土地政策传导机制的运行路径可以从空间和时间两个维度来进行分析。土地政策传导机制的运行模式可以分为行政命令型模式和市场引导型模式两种。在土地政策传导机制运行过程中存在着传导时滞，具体包括认识时滞、决策时滞、中间时滞以及生产时滞等。

3. 政策传导机制的定义

结合学者们的研究，在借鉴"货币政策传导机制"和"土地政策传导机制"这两个概念的基础上，笔者从时间和空间两个维度分别给出政策传导机制的定义。时间维度的政策传导机制是指政府为实现特定调控目标，启动一项或一系列的政策，启动后，政策要素将在一定环境条件下与各类社会经济媒介体变量之间发生相互作用，以实现政府既定目标的过程。这一概念主要是从时间维度上强调政策要素的有序传导。空间维度的政策传导机制是指政府为实现特定目标制定政策后，由政策制定者向一系列的政策执行者的纵向信息传导过程，即政策主体间的空间传导机制。本书将从时间和空间两个维度来考察农业支持政策的传导机制。

四、农业支持政策传导机制

结合"货币政策传导机制"和"土地政策传导机制"这两个概念，我们将农业支持政策传导机制的定义表述为：政府为实现农业支持目标，制定并启动一系列的农业支持政策，并将这些政策要素在特定的环境条件下与社会经济媒介体变量之间发生相互作用，以实现政府对农业调控目标的过程。这一定义是从时间维度上来进行理解的，也是狭义上农业支持政策传导机制的概念。狭义上的农业支持政策传导机制可用数学语言表达为：

$$Inm_{n+1} = f(V, R_n, Tar) \tag{1.1}$$

$$R_n = m(V, E, Inm_n) \tag{1.2}$$

其中，Inm 表示农业支持政策中间目标集；V 表示农业支持政策变量集；R 表示农业支持政策媒介体反应变量集；Tat 表示农业支持政策最终期望目标集；E 表示农业支持政策环境变量；n 表示农业支持政策传导环节，$n = 1, 2, \cdots, N$；$Inm_1 = \emptyset$，表示在农业支持政策传导的初始环节政策中间目标集为空。

根据狭义上的农业支持政策传导机制的概念，可得到农业支持政策传导的具体过程，如图 1－3 所示。

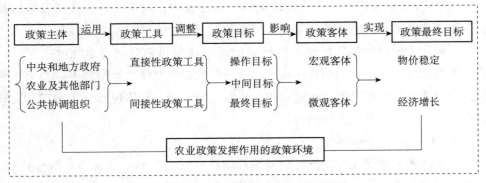

图1-3 农业支持政策传导的具体过程

从图1-3中可看出，农业支持政策传导的过程，首先，由政策主体运用政策工具调整政策目标；其次，政策客体根据调整后的政策目标对自己的生产经营活动进行适当调整，以最终实现政策主体所制定的政策最终目标。当然，在农业支持政策传导的过程当中，政策环境的变化也会对农业支持政策传导的效果产生重要影响。

除了从时间维度来理解农业支持政策传导机制的概念外，还可从空间维度上来理解农业支持政策传导机制。空间维度上的农业支持政策传导机制的定义可以表述为：政府为实现农业发展目标，制定农业支持政策后，由政策制定者向一系列的政策执行者传送并实施农业支持政策的纵向信息传导过程。

由此可看出，农业支持政策传导机制是一类具有时空结构的动态复杂系统和反馈系统。在农业支持政策传导过程中，涉及的要素包括传导的主体、客体、传导的政策工具以及传导的环境要素等。农业支持政策传导机制所涉要素和环节众多，只有理顺并协调农业支持政策传导机制内部运行关系，才能提高农业支持政策传导机制的运行效果。

第二节 理论基础

一、农业的基础性和弱质性理论

农业是国民经济的基础，它是整个社会经济发展的重要物质保障。但由于农业的高风险性、生产周期长、季节性强、投资报酬率低等原因，导致农业弱质性的特点。农业一方面是人类赖以生存和发展的基础，另一方面自身又具有弱质性的特点，因此，需要国家采取各种政策扶持农业的发展，以促进整个社会经济的发展。

（一）农业的基础性

农业的基础性作用可以从农业对国民经济的贡献来说明。

一是产品贡献，其中又可细分为食品贡献和原料贡献。农业的产品贡献表现在：首先，它基本解决了13亿多人的吃饭问题；其次，它确保了国家的粮食安全和整个社会的和谐稳定；最后，通过农产品的出口，它还解决了世界上其他一些国家对农产品的需求，维护了我国在国际上的大国地位和良好形象。在原料方面，农业还为工业的发展提供各种原材料。据测算，我国工业原料的40%，其中轻工业原料的70%、纺织工业原料的90%都是农业提供的。

二是市场贡献。随着城市化进程的快速推进和农业剩余劳动力的转移，我国农村常住人口有所减少。但截至2015年底，我国农村常住人口仍然占全国总人口的43.9%，加上社会主义新农村建设的步伐不断加快，未来农村是我国经济发展最具潜力的地区之一。2015年，我国农村居民人均纯收入达到10 772元，随着农民人均收入水平的不断提高，农村居民的各种消费需求将得到有效刺激，可以说农村市场的扩张规模和速度直接决定着未来我国国民经济发展的进程。来自于中国网财经的数据显示：2015年，全国社会消费品零售总额为30 0931亿元，实际增长10.6%，其中，乡村消费品零售额41 932亿元，同比增长11.8%，占当年社会消费品零售总额的13.93%，乡村消费正成为拉动我国经济发展的重要力量。

三是外汇贡献。新中国成立以来，农产品出口一直是我国重要的出口项目。通过农产品出口，可以为我国带来大量的外汇收入。1950～1989年，农产品及其制成品的出口创汇额达到1937亿元，占同期出口创汇总额的51.23%。进入21世纪以来，随着经济的发展，依靠农产品出口获得的外汇贡献有所下降，但随着农产品产量的增加和出口种类的丰富，农产品出口创汇的绝对额仍然保持增长态势，农产品创汇依然是我国获取外汇的主要手段之一。

（二）农业的弱质性

农业的弱质性可以从生产领域的弱质性、消费领域的弱质性、交换领域的弱质性三方面进行说明。

生产领域的弱质性主要表现在：一是由于农业生产是一种自然再生产，导致农业在生产过程中面临极大的自然风险，一旦遇到洪涝、干旱、霜冻、台风等自然灾害，极有可能会导致农业颗粒无收，尽管可以利用高科技手段对自然灾害加强预防，但还是无法完全避免自然灾害的发生；二是农业的生产过程很容易受到病虫害的影响，一旦遭遇病虫害的侵袭，将会导致农产品大量减产甚至是绝收。

消费领域的弱质性主要表现在：随着人们收入水平的提高，收入中用于食品消费支出的比重会下降，也就是说，人们对农产品有需求上限，不会无限制地增加对农产品的需求，相比较而言，人们对工业品的需求却不具有这样的有限性，人们对工业品的消费往往表现出多多益善的消费态势，这就说明农产品的价格弹性和收入弹性要明显低于工业品。由于人们对农产品消费的后劲不足，导致农业与工业之间比较利益的差距进一步拉大，致使农业部门的发展落后于工业部门。

交换领域的弱质性主要表现在以下几方面。

一是农业生产具有季节性和周期性，但农产品交换却具有连续性，这种不对称导致农业生产者不能及时有效地对农产品价格进行反应与判断，而农产品生产者针对农产品价格变化所做的调整只能是在下一个生产周期才实现，这势必会导致农产品的过剩或稀缺，不利于农业市场的稳定，再加上多数农产品的供给弹性要大于需求弹性，导致发散型蛛网模型①的产生，如图1－4所示。在这种情况下，由于均衡是不稳定或者不存在的，因而农民的收入是没有保障的。二是由于从事非农产业的报酬远远高于农业，基于比较利益的考虑，大量农业劳动力，尤其是青壮年劳动力流向非农产业，加剧了农业资金和高素质农业劳动力的缺乏，造成农业发展后劲不足。三是和非农产业相比，农业科研周期较长，技术进步缓慢，导致农业劳动生产率比较低，进一步降低了农业的比较利益。

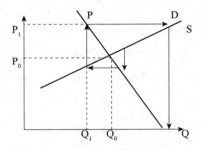

图1－4　发散型蛛网模型

---

①　蛛网模型是指随着市场价格的变化农产品的供给量和需求量围绕均衡点呈蛛网状波动的理论。如果农产品的供给弹性小于需求弹性，则蛛网模型是收敛的；如果农产品的供给弹性等于需求弹性，则蛛网模型是封闭的；如果农产品的供给弹性大于需求弹性，则蛛网模型是发散的。

以上表明，农业为整个国民经济发展做出了巨大贡献，但在农业发展过程中，却存在着生产领域、消费领域、交换领域的弱质性，我们从中可以看出，从事农业生产经营活动的风险太高，农民收入的不稳定性太大。如果国家不积极采取支持政策以支持农业的发展，将会对整个国家的经济发展产生严重不良影响。因此，从农业的基础性和弱质性角度出发，加强农业支持政策力度，畅通农业支持政策传导机制，提高农业支持政策传导机制运行效果，已经到了十分紧迫的时候。

二、制度经济学理论

发展中国家在发展过程中普遍面临资金、技术短缺以及基础设施供应不足的发展难题，而解决这些发展难题的关键在于建立一种有效的制度环境以及和该制度环境相应的制度安排，以形成一种能够使激励机制充分发挥作用的制度环境。

在我国，制度很多情况下被具体化为政策，而政策的实施对于资源配置的合理与否、经济效率的高低以及经济的可持续发展，都具有重要影响。因此，我们可以用制度经济学的理论来研究我国政策的实施情况，并给予适当的评价。

（一）制度

诺思在《制度、制度变迁与经济绩效》一书中指出，制度可以通过设定一系列规则，以减少环境的不确定性，从而提高人们认识环境的能力，其重要功能就是通过这些一系列规则使复杂的、不确定的经济关系稳定有序。制度的经济功能可以通过高效率制度对低效率制度的替代，从而提高经济效率来显现出来。制度的基本功能是对人的行为提供激励，好的制度可以激励人们发挥他们的创造力，提高他们的生产效率和有效地运用新技术①。

（二）制度经济学

制度经济学认为，制度的本质是对利益关系的规范，有效的制度结构能够给人们带来巨大的利益激励和较多的自由选择机会，同时也能够通过建立的各种规则形成对人们有效的利益约束机制，以协调个人利益和公共利益，最终达到利益需要的实现和满足。因此，制度对一个产业的发展及一种利益分配格局的形成有

---

① 诺思：《制度、制度变迁与经济绩效》，上海三联书店、上海人民出版社1994年版。

着重大的影响。当然，这里所说的制度是指有效制度或高效制度，低效或无效制度对经济发展只有阻碍作用。

"新制度经济学"这个概念最早是由威廉姆森提出来的①。新制度经济学的代表人物科斯指出：当代制度经济学应该从人的实际出发来研究人，而实际的人则是在由现实制度所赋予的制约条件下活动②。新制度经济学的另一代表人物诺思认为，制度经济学的目标是研究制度演进背景下人们如何在现实世界中作出决定和这些决定又如何改变世界③。因此，科斯与诺思都强调新制度经济学应将人、制度、经济活动以及它们之间的相互关系作为研究重点。

新制度经济学特别强调"利益集团"对制度运行效率的影响。利益集团的相互作用主要体现在对制度的再分配上。再分配的结果可以在一定程度上说是各个利益集团博弈的结果。根据埃格特森的分析，小利益集团在再分配中往往处于有利地位，原因有二：其一是小利益集团的人数相对较少，他们达成一致意见的成本较低，从而有利于形成集体行动；其二是小利益集团能够较好地解决"搭便车"问题④。新制度经济学还指出，中高收入阶层在制度再分配中处于有利地位。

新制度经济学告诉我们，国家是最大的制度供给者。政府在制度变迁中起着不可替代的作用。制度变迁的深化，仍然需要政府发挥制度供给者的作用，并提供法律、政策上的制度维护。从经济学角度考虑，制度变迁的事实依然要遵循成本—收益原则，只有制度变迁的预期收益大于其预期成本时，行为主体才会去推动和实现制度变迁⑤。

在农业方面，有没有一个好的农业制度，该项农业制度能不能给农民一个长期而稳定的预期，这与农业增产、农民增收密切相关。在我国，农业制度通过农业支持政策的形式来出台和实施。在当前我国加快培育新型农业经营主体的大趋势下，当更多的关于新型农业经营主体的支持政策出台后，这些支持政策的传导机制是如何运行的？在政府对新型农业经营主体的传导机制运行过程中，有哪些利益集团？各个利益集团的不同行动对于这些支持政策传导机制的运行是有利还是不利？而农民作为我国社会发展中的弱势群体，如何让自身参与到政策再分配

---

① 卢现祥：《新制度经济学》，武汉大学出版社 2011 年版。

② 科斯：《企业、市场与法律》，上海三联书店、上海人民出版社 1990 年版。

③ 诺思：《经济史中的结构与变迁》，上海三联书店、上海人民出版社 1991 年版。

④ 埃格特森：《新制度经济学》，商务印书馆 1996 年版。

⑤ 卢现祥：《论经济发展中非制度因素与制度因素》，载于《福建论坛（人文社会科学版）》2006 年第 8 期，第 10 ~ 14 页。

中，以有助于实现自身的利益。从制度角度看，政府对新型农业经营主体的支持政策传导机制还存在哪些问题？我们可以运用制度经济学的相关理论来分析这些问题。

三、博弈论

（一）研究对象

博弈是指参与人在一定的约束条件下，同时或先后，一次或多次，从各自可以选择的策略中选择最有利于自己的策略，并实施这些策略的决策互动过程[①]。因此，简单来说，博弈论（game theory）研究的是参与人在相互作用、相互影响的条件下，彼此的策略选择问题。

（二）四个要素

在一项博弈活动中，至少应包括四个要素。第一个要素是博弈活动的参与人，这里的参与人可以是自然人，也可以是厂商、政府或者其他团体组织，并且假定这些参与人符合"理性经济人"假定，即他们在博弈活动过程中只考虑自身的利益最大化，而不考虑其他参与人和整个社会的利益。第二个要素是博弈活动的信息，即不同参与人所掌握的关于自身、对方以及博弈规则的知识的总和。第三个要素是策略或战略，即参与人的行动方案，将不同参与人在决策时所采取的策略组合称为结果。第四个要素是收益，即参与人追求目标的成果，这里的成果可以用利润、效用等来反映。

（三）基本分析工具：收益矩阵

收益矩阵是对博弈问题分析时一个简单、有效的分析工具，具体的收益矩阵如图 1 - 5 所示。

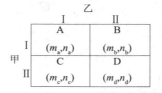

图 1 - 5　博弈问题分析的收益矩阵

---

① 　张维迎：《博弈论与信息经济学》，上海三联书店、上海人民出版社 2004 年版。

在图 1 – 5 中，甲、乙分别表示博弈活动的两个参与人。Ⅰ、Ⅱ分别表示参与人甲和参与人乙可以选择的两种策略。A、B、C、D 分别表示参与人甲和参与人乙选择策略的四个组合，即四种结果。如结果 A 表示甲选择策略Ⅰ、同时乙也选择策略Ⅰ时的组合，结果 B 表示甲选择策略Ⅰ、但乙选择策略Ⅱ时的组合。m_a 表示在结果 A 中参与人甲获得的收益，n_a 表示在结果 A 中参与人乙获得的收益。同样地，m_b、m_c、m_d 依次表示在结果 B、C、D 中参与人甲获得的收益，n_b、n_c、n_d 依次表示在结果 B、C、D 中参与人乙获得的收益。

（四）分类

按照不同的分类标准，博弈论有不同的分类结果。按照在博弈活动过程中，不同参与人能否达成一个具有约束力的协议，可以将博弈论划分为合作博弈和非合作博弈。显然，合作博弈是在不同参与人可以达成一个具有约束力的协议时，研究参与人之间的利益博弈行为；非合作博弈则是在不同参与人不能达成一个具有约束力的协议时，研究参与人之间的利益博弈行为。在没有特别说明的情况下，博弈论指的是非合作博弈。

关于非合作博弈，我们可以按照不同的角度进行进一步分类。如果按照参与人行动的先后顺序，可以将非合作博弈划分为静态博弈和动态博弈两种。静态博弈（static game）是指在博弈活动过程中，不同参与人是同时采取行动的，或者说不是同时采取行动，但后采取行动的参与人并不知道先采取行动的参与人作出了怎样的行动选择。动态博弈（dynamic game）是指在博弈活动过程中，不同参与人是依次采取行动的，且后行动的参与人可以观察到先行动的参与人所采取的行动。如果按照参与人对其他有关参与人的信息了解程度，可以将非合作博弈划分为完全信息博弈和不完全信息博弈。完全信息博弈是指每一个参与人对其他有关参与人的信息（包括特征、战略空间以及支付函数等）完全了解。相应地，不完全信息博弈是指每一个参与人对其他有关参与人的信息并不完全了解。

这样，我们可以将按照参与人行动的先后顺序进行分类的结果和按照参与人对其他有关参与人信息的了解程度进行分类的结果结合起来，可将非合作博弈分为四种具体的类型，分别是完全信息静态博弈、不完全信息静态博弈、完全信息动态博弈、不完全信息动态博弈。

在政府对新型农业经营主体的支持政策传导机制运行过程中，存在着中央政府和地方政府因追求自身利益最大化而进行的利益博弈活动。当中央政府发布一项支持政策后，地方政府即面临着严格执行或变通执行的策略选择。在地方政府传导支持政策的过程中，中央政府面对地方政府的行动，也面临着监督查处和不监督查处的策略选择。在作出策略行动之前，中央政府和地方政府彼此都不知道对方的策略选择，但知道彼此策略选择的概率和每种选择的支付。因此，我们可以运用完全信息条件下的动态博弈对中央政府和地方政府的策略选择及收益进行分析。

四、委托—代理理论

（一）主要观点

委托—代理理论最早是由美国经济学家伯利和米恩斯于 20 世纪 30 年代提出来的。该理论是建立在非对称信息博弈论的基础上的。通俗来讲，非对称信息是指某些参与人拥有的信息多，而另一些参与人拥有的信息少。

委托—代理关系最早用于法律领域，在法律上当 A 授权 B 代表 A 从事某种活动时，委托—代理关系就产生了，A 称为委托人，B 称为代理人。因此，委托—代理理论是指市场的一个或多个经济主体按照契约明示，要求其他的经济主体为其提供服务，并给予对方一定的决策权利，前者根据后者提供服务内容的质量和数量给予后者一定报酬的经济行为。授权主体是委托人，被授权主体就是代理人。委托—代理理论的中心任务是研究在利益相冲突和信息不对称的环境下，委托人如何设计最优契约激励代理人。

构成委托—代理问题的基本条件有三个：一是委托人和代理人是两个相互独立的利益主体，双方都以自身效用最大化为追求目标；二是委托人和代理人都面临不确定性和风险；三是委托人和代理人之间信息不对称，代理人的信息优势可能影响委托人的利益[①]。

委托—代理理论的主要观点认为，委托—代理关系是随着生产力大发展和规模化大生产的出现而产生的。其原因一方面是生产力发展使得分工进一步细化，权利的所有者由于知识、能力和精力的原因不能行使所有的权利；另一方面专业化分工产生了一大批具有专业知识的代理人，他们有精力、有能力代理行使好被委托的权利。但在委托—代理的关系当中，由于委托人与代理人的效用函数不一样，委托人追求的是自己的财富更大，而代理人追求自己的工资津贴收入、奢侈消费和闲暇时间最大化，这必然导致两者的利益冲突。在没有有效的制度安排下

---

① 靖继鹏、张向先、李北伟：《信息经济学》（第二版），科学出版社 2007 年版。

代理人的行为很可能最终损害委托人的利益。

（二）基本模型

委托—代理理论是建立在信息不对称基础上的。从时间上看，信息不对称既可以发生在当事人签约之前，也可以发生在当事人签约之后。相应地，我们用逆向选择（adverse selection）模型来描述签约之前的信息不对称问题，而用道德风险（moral hazard）模型来描述签约之后的信息不对称问题①。从内容上看，信息不对称可以是就参与人的行动而言，也可以是就参与人的知识而言。相应地，将研究不可观测行动的模型称为隐藏行动（hidden action）模型，而将研究不可观测知识的模型称为隐藏知识（hidden information）模型。

本书研究的是政府对新型农业经营主体的支持政策传导机制，因而与本书研究密切相关的委托—代理模型是隐藏行动的道德风险模型以及逆向选择模型。

1. 隐藏行动的道德风险模型

为进行模型分析，这里需引入三个变量：一是代理人的产出 y，可用来表示代理人为委托人工作时所产生的贡献；二是代理人在工作过程中的行动 a；三是代理人在工作过程中受到的外生随机冲击的影响，用 θ 表示。则这三个变量之间的关系可以用函数表示为：

$$y = a + \theta \tag{1.3}$$

其中，a 可以理解为代理人的努力程度或者是对于工作的态度等；θ 会由于生产过程和所处环境的不同而不同，例如代理人在工作过程中的运气以及工作受天气状况的影响都是随机变化的。

以上三个变量之间的关系可以表述为：委托人会制定一份既让代理人满意也会让自己利润最大化的合同，代理人根据签订的合同选择行动 a，委托人在信息不对称的情况下不能有效地观测并监督代理人的行动，而在代理人工作过程中会受到外生随机冲击 θ 的影响，这样，代理人的行动 a 和外生随机冲击 θ 共同决定了代理人的产出 y。委托人依据代理人的产出 y 向代理人支付相应的报酬。

在（1.3）式中，假定 θ 是服从正态分布的随机变量，且具体的分布形式为：

---

① "逆向选择"是指在签订合同之前，委托人不知道代理人的类型，也就是说，代理人已经掌握某些委托人不了解的信息，而这些信息可能对委托人是不利的。处于信息优势的代理人可能采取有利于自己的行动，而委托人则由于信息劣势而处于对己不利的选择位置上。"道德风险"是指代理人在使其自身效用最大化的同时损害委托人利益的行为，而代理人并不承担他们行为的全部后果的现象。

$$\theta : N(0 : \sigma^2)$$

若 σ^2 的值越大，说明外生随机冲击在代理人工作过程中的影响就越大。

对于委托人和代理人之间的合同，为简化起见我们只讨论他们之间的线性关系，因此设代理人的报酬为：

$$w = s + by \tag{1.4}$$

其中，s 代表代理人的固定工资，b 代表奖金率。（1.4）式给出了代理人的报酬，但代理人为获得这笔报酬还必须付出一定的努力成本，且付出的努力越大，需要支付的努力成本越大，因此，假设努力成本函数为：

$$c = \frac{k}{2}a^2 (k > 0) \tag{1.5}$$

而代理人的效用可用代理人获得的报酬与付出努力成本的差额表示，则其效用函数为：

$$A = w - \frac{k}{2}a^2 \tag{1.6}$$

因此，可得到代理人的利润函数为：

$$A = s + by - \frac{k}{2}a^2 \tag{1.7}$$

故代理人的决策问题可以表示为：

$$\max_a A = s + by - \frac{k}{2}a^2 \tag{1.8}$$

根据利润最大化的一阶条件可得 $b - ak = 0$，即：

$$a = \frac{b}{k} \tag{1.9}$$

（1.9）式为代理人对委托人提供的线性激励的反应函数，同时（1.9）式也构成了代理人的激励约束（incentive constraint，IC）。

接下来需要考虑委托人和代理人的风险偏好问题。如果委托人和代理人都是风险中性的，则风险完全由代理人承担，而代理人显然不愿意承担如此多的风险，因此假设代理人是风险中性的，不太合理。由于委托人可以利用证券市场分散风险，而代理人一般只在一个企业工作，因此，假设代理人是风险规避的，而委托人是风险中性的，是比较合理的。为方便起见，这里利用绝对风险规避型的冯·诺依曼—摩根斯坦期望效用函数对委托人和代理人进行分析，并假定代理人的效用具有不变绝对风险规避特征。

在此假定下，代理人的效用函数为：

$$u(A) = -\exp(-bA) \tag{1.10}$$

相应的确定性等价为：

$$C(A) = E(A) - R \tag{1.11}$$

其中，$C(A)$ 表示确定性的效用水平；$E(A)$ 表示期望的效用水平；R 表示风险贴水。根据代理人的效用函数以及随机变量 θ 的分布形式，经推导可得到风险函数为：

$$R = \frac{b}{2} b^2 \sigma^2 \tag{1.12}$$

将（1.3）式和（1.4）式，代入（1.6）式，可得相应的保留效用函数为：

$$A = s + by - \frac{k}{2} a^2 = s + b(a + \theta) - \frac{k}{2} a^2 = s + ba + b\theta - \frac{k}{2} a^2 \tag{1.13}$$

相应地，期望效用为：

$$E(A) = E(s + by - \frac{k}{2} a^2) = s + ba - \frac{k}{2} a^2 \tag{1.14}$$

则确定的效用为：

$$C(A) = s + ba - \frac{k}{2} a^2 - \frac{b}{2} b^2 \sigma^2 \tag{1.15}$$

只有当确定的效用大于其保留效用时，代理人才会接受委托人的激励，因此，该条件为代理人的参与约束（participation constrait，PC），如下式所示：

$$C(A) = s + ba - \frac{k}{2} a^2 - \frac{b}{2} b^2 \sigma^2 \geq \bar{C} \tag{1.16}$$

对委托人来说，其净利润函数为：

$$y^n = y - w = a + \theta - (s + by) = a + \theta - s - b(a + \theta) \tag{1.17}$$

则其期望利润为：

$$E(y^n) = a - s - ba = (1 - b)a - s \tag{1.18}$$

因此，委托人的决策问题为：

$$\max_{b,a,s} E(y^n) = (1 - b)a - s$$

$$\text{s.t.} \quad C(A) = s + ba - \frac{k}{2} a^2 - \frac{b}{2} b^2 \sigma^2 \geq \bar{C} \tag{PC}$$

在信息不对称的条件下，委托人不能直接观测到代理人的努力，但是可以通过结果间接观测。代理人决策考虑的是自身确定性效用的最大化，即代理人的决策问题是 $\max_a C(A) = s + ba - \frac{k}{2} a^2 - \frac{b}{2} b^2 \sigma^2 \geq \bar{C}$。代理人的激励约束为 $a = \frac{b}{k}$，相应的参与约束为：

$$s + ba - \frac{k}{2} a^2 - \frac{b}{2} b^2 \sigma^2 \geq \bar{C} (\bar{C} = 0) \tag{1.19}$$

从而委托人的决策问题简化为：

$$\max_{b,a,s} E(y^n) = (1-b)a - s$$

$$\text{s. t.}\quad s + ba - \frac{k}{2}a^2 - \frac{b}{2}b^2\sigma^2 \geqslant 0 \tag{PC}$$

$$a = \frac{b}{k} \tag{IC}$$

2. 逆向选择模型

由于信息不对称，委托人只知道代理人类型分布的概率，而不知道代理人具体的类型，且信息不对称发生在签订合同之前。假设代理人 j 努力的成本函数为 $c_j(a_j)$，总共存在 n 个代理人，且每个代理人对产出的贡献是可分离的；代理人对产出的贡献与其努力程度成正比。则总产出函数为：

$$y = \sum_j y_j, y_j = a_j, j = 1,2,\cdots,n. \tag{1.20}$$

委托人为激励代理人朝着自己期望的方向努力，特支付给代理人一定的工资，假定代理人的工资函数为 $w_j = w_j(a_j)$，因此，可得到代理人的效用函数为：

$$A_j = w_j(a_j) - c_j(a_j) \tag{1.21}$$

为方便问题研究，假设代理人的保留效用为零，代理人努力的成本函数表达式为：$c_j = \frac{k_j}{2}a_j^2$，同时，为简化问题，这里假定只存在两类不同的代理人，即 $j=1$，2。假定代理人 1 的边际努力成本较低，而代理人 2 的边际努力成本较高，即 $k_1 < k_2$。

在以上假定的基础上，委托人的净利润函数为 $y^n = a_1 + a_2 - w_1 - w_2$，代理人 1 的参与约束条件为 $w_1 - \frac{k_1}{2}a_1^2 = 0$，代理人 2 的参与约束条件为 $w_2 - \frac{k_2}{2}a_2^2 = 0$。

如果签订合同前信息是对称的，则委托人确切地知道每个代理人的具体类型，这样，委托人实现利润最大化的条件为：

$$\max_{w_1,w_2,a_1,a_2} y^n = a_1 + a_2 - w_1 - w_2 \tag{1.22}$$

$$\text{s. t.}\quad w_1 - \frac{k_1}{2}a_1^2 = 0 \tag{PC$_1$}$$

$$w_2 - \frac{k_2}{2}a_2^2 = 0 \tag{PC$_2$}$$

接下来将这两个约束条件代入（1.20）式，可求出相应的一阶条件为：

$$a_1^* = \frac{1}{k_1}, a_2^* = \frac{1}{k_2} \tag{1.23}$$

将得到的一阶条件分别代入代理人 1、代理人 2 的参与约束条件，即可得到代理人 1、代理人 2 的均衡工资分别为：

$$w_1^* = \frac{1}{2k_1}, w_2^* = \frac{1}{2k_2} \tag{1.24}$$

由此可计算得到委托人获得的利润为：

$$y^{n^*} = a_1 + a_2 - w_1 - w_2 = \frac{1}{2k_1} + \frac{1}{2k_2} \tag{1.25}$$

以上结果表明，在信息对称的条件下，委托人可以根据代理人的努力程度，给代理人支付相应的工资。代理人越努力，委托人支付的工资就越高。

接下来考虑签订合同后信息不对称的情况。在这种情况下，委托人并不知道代理人的具体类型，而要促使代理人说实话，则需要委托人向代理人支付更高的工资，因此，诚实的收益要比不诚实的收益高。这样，可得到代理人 1、代理人 2 的激励约束分别为：

$$w_1 - c_1(a_1) \geqslant w_1^\lambda - c_1(a_1^\lambda) \tag{IC_1}$$

$$w_2 - c_2(a_2) \geqslant w_2^\lambda - c_2(a_2^\lambda) \tag{IC_2}$$

在（IC_1）和（IC_2）中，不等式左边表示代理人诚实工作的收益，右边表示代理人不诚实工作的收益。

将代理人努力成本函数的表达式 $c_j = \frac{k_j}{2}a_j^2$ 代入（IC_1）和（IC_2），则代理人 1、代理人 2 的激励约束条件变为：

$$w_1 - \frac{k_1}{2}a_1^2 \geqslant w_1^\lambda - \frac{k_1}{2}(a_1^\lambda)^2 \tag{IC_1}$$

$$w_2 - \frac{k_2}{2}a_2^2 \geqslant w_2^\lambda - \frac{k_2}{2}(a_2^\lambda)^2 \tag{IC_2}$$

在信息不对称条件下，由于委托人只知道代理人类型分布的概率，因此我们假定某种类型代理人的概率可以用该种类型代理人的数目占总代理人的数目之比来得到，即 $\pi_j = \frac{m_j}{m}, \sum_j m_j = m$。同时，假设委托人是风险中性的，其目标是追求自身期望利润的最大化，因而可得：

$$\max_{w_1, w_2, a_1, a_2} \bar{y}^n = \pi_1(a_1 - w_1) + \pi_2(a_2 - w_2) \tag{1.26}$$

$$\text{s. t.} \quad w_1 \geqslant \frac{k_1}{2}a_1^2 + \left[w_1^\lambda - \frac{k_1}{2}(a_1^\lambda)^2\right], w_1 \geqslant \frac{k_1}{2}a_1^2$$

$$w_2 \geqslant \frac{k_2}{2}a_2^2 + \left[w_2^\lambda - \frac{k_2}{2}(a_2^\lambda)^2\right], w_2 \geqslant \frac{k_2}{2}a_2^2$$

以上条件依次为代理人1的激励约束条件、参与约束条件；代理人2的激励约束条件、参与约束条件。

根据 k_1、k_2 的基本关系并假设参与约束起作用，则可将上述约束条件简化为：

$$w_1 - \frac{k_1}{2}a_1^2 = w_2 - \frac{k_1}{2}a_2^2, w_2 = \frac{k_2}{2}a_2^2, a_1^2 > a_2^2 \qquad (1.27)$$

对此最优化问题求解，可得相应的努力水平和工资值：

$$a_1^{**} = \frac{1}{k_1} = a_1^* \qquad (1.28)$$

$$a_2^{**} = \frac{1}{k_2 + \frac{\pi_1}{\pi_2}(k_2 - k_1)} < \frac{1}{k_2} = a_2^* \qquad (1.29)$$

$$w_1^{**} = \frac{1}{2k_1} + \frac{1}{2\left[k_2 + \frac{\pi_1}{\pi_2}(k_2 - k_1)\right]^2} > w_1^* = \frac{1}{2k_1} \qquad (1.30)$$

$$w_2^{**} = \frac{k_2}{2} + \frac{1}{\left[k_2 + \frac{\pi_1}{\pi_2}(k_2 - k_1)\right]^2} < w_2^* = \frac{1}{2k_2} \qquad (1.31)$$

由 w_1^{**} 的表达式可看出，低成本代理人（也就是高能力代理人）在付出与信息对称情况下相同的努力程度时，在信息不对称条件下该代理人获得的薪酬激励要更高一些。由于低成本代理人获得了足够多的剩余，因此，低成本代理人不存在伪装成高成本代理人的动机。同时，也从另一个方面说明，如果委托人不给予代理人足够多的薪酬激励，则低成本代理人就会隐藏自己的能力，从而出现低成本代理人偷懒的情况。

（三）委托—代理成本

由于信息不对称的存在，导致委托人和代理人在履行契约的过程中，会发生较高的委托—代理成本。"对委托人和代理人来说，想不费分文就确保代理人将作出按委托人意愿来行动的最优决策，一般是不可能的"（Jesen & Meckling，1976）。所谓委托—代理成本是指由于委托人和代理人的目标冲突所导致的效率损失以及为协调这种冲突所付出的成本。詹森和麦克林指出，委托—代理成本由三部分组成，一是委托人的监督费用；二是代理人的保证费用；三是因代理人决策与使委托人福利最大化的决策存在偏差而使委托人遭受的剩余损失的总和。具体而言，委托人的监督费用包括：观察代理人行为的费用、测度代理人产出的费用、与预算约束、补偿措施以及操作规则等相关的交易费用。代理人的保证费用是代理人为保证契约的履行而支付的费用，主要包括代理人支付给委托人的保证金或承诺违约后对委托人的补偿费等；剩余损失则是在交易费用存在的情况下，委托人实际实现的剩余与"新古典利润最大化"剩余的差额。

为降低委托—代理成本，学者们研究指出，要建立相应的激励约束机制。最优的激励约束机制，要同时考虑委托人和代理人的双方利益，还需满足三个基本条件：一是代理人从履行契约中得到的期望效用不能低于不履行契约时所能得到的最大期望效用（也就是保留效用），该条件称为参与约束条件；二是委托人希望代理人采取的行动只能是通过代理人的效用最大化行为来实现，该条件称为激励约束条件；三是委托人向代理人支付报酬后所获得的纯效用，不能低于委托人采取任何其他契约的效用，该条件称为效用最大化条件。此外，需要说明的是，激励契约的执行势必会发生一定的交易费用，因此在设计激励约束机制时，不能只考虑契约的激励效果，还应该考虑机制的设计成本。

（四）政府对新型农业经营主体的支持政策传导机制中的委托—代理问题

在政府对新型农业经营主体的支持政策传导机制运行过程中，中央政府是支持政策的制定者，而地方政府则是支持政策的实施者。由于中央政府一般只制定支持政策，不具体负责政策的实施，而是将政策的实施委托地方政府去完成。因此，这里可以将中央政府看作是政策实施的委托人，而地方政府是政策实施的代理人。在委托—代理过程中，存在着中央政府和地方政府的利益博弈，同时，中央政府为促使地方政府的行动能够按照中央政府的意愿行事而支付了大量的委托—代理成本（包括支付的激励费用和监督费用等），从而造成支持政策传导机制运行效率的低下。因此，在政府对新型农业经营主体的支持政策传导机制运行过程中，地方政府与中央政府存在哪些利益博弈？中央政府应采取怎样的策略和方法才能促使地方政府的行动按照其意愿行事？怎样降低在支持政策传导机制运行过程中的委托—代理成本？怎样提高支持政策传导机制运行的效率？我们可以在后文中运用委托—代理理论及模型进行详细分析。

第二章　农业支持政策的演进与分类考察

新中国成立以来，在国民经济发展的不同时期，基于不同发展目标的考虑，我国出台了了不同的农业支持政策。首先，本章对我国不同时期的农业支持政策进行梳理和分析。其次，对农业支持政策进行适当的分类，并结合政府对新型农业经营主体出台的农业支持政策，重点从农业投入、农业补贴、农产品价格、农村金融、农业科技、农村扶贫开发等方面对农业支持政策进行分类考察，以更加全面、准确地认识和评价我国的农业支持政策。最后，在肯定我国农业支持政策取得显著成绩的同时，也指出农业支持政策在实施过程中存在的问题，如农业支持政策资金分配不合理、农业支持政策实施效率较低等。

第一节　农业支持政策的演变历程

本节依次从改革开放之前（1949～1978年）、改革开放到"入世"前（1979～2001年）、"入世"后（2002年至今）这三大历史时期，来梳理和分析我国农业支持政策的历史演变。

一、1949～1978年的农业支持政策

新中国成立后到改革开放前，为恢复农业生产，整顿农业经济，从而为工业发展服务，党和国家出台并实施了一系列农业支持政策，用来刺激农业发展，以保障基本农产品的供应，维护社会稳定。经过对这一时期主要的农业支持政策进行梳理，我们可以从国民经济恢复时期、第一个五年计划时期、第二个五年计划时期以及"文革"时期四个时间段来进行回顾和分析。

（一）国民经济恢复时期的农业支持政策

1949～1952年，是我国国民经济恢复时期。这一时期，为恢复农业生产，

确保社会稳定，党和国家于 1950 年 6 月 30 日颁布了《中华人民共和国土地改革法》，通过废除封建土地制度，没收整合地主富农土地，推行农业互助组等农业支持政策和措施，实现了耕者有其田，促进了农业生产力的恢复和发展，确保了主要农产品的基本供应。

（二）第一个五年计划时期的农业支持政策

1953～1957 年，是我国第一个五年计划时期。这一时期，党和国家于 1953 年 12 月通过了《关于发展农业生产合作的决议》，在农村全面实行农业生产合作社制度，1956 年 10 月，党的七届六中全会通过了《关于农业合作化问题的决议》，在总结经验的基础上，对我国农业合作化的进一步发展进行了部署。到 1956 年底，入社农户数达到 1.2 亿户，占全国农户总数的 96%，基本实现了农业合作化。与此同时，国家还于 1953 年通过了《关于实行粮食的计划收购与计划供应的决议》，明确了粮食统购统销制度，这为稳定粮食市场价格、保障粮食基本供应，起到了重要作用。

（三）第二个五年计划时期的农业支持政策

从 1958 年开始，全国开始推行人民公社制度。农业生产实行"大跃进"，紧接着遭遇了持续三年的自然灾害，给农业生产带来严重影响。1961 年，在"调整、巩固、充实、提高"八字方针的指引下，我国农业生产开始得到一定的恢复。1963 年，粮食和各类农副产品产量和上一年相比增长明显。1964 年，主要农牧业产品的产量基本恢复或超过了 1957 年的水平。1966 年，缩小工农业产品之间的价格"剪刀差"，成为我国农业政策的一个显著变化，如国务院决定提高大豆、花生、甘蔗等农产品价格，而降低若干工业品的价格。

（四）"文革"时期的农业支持政策

在 1966～1976 年"文革"时期，我国农业农村政策主要有以下三个特点：一是生产关系方面，急于向以生产大队为基础的生产单位过渡，盲目扩大农村社员规模；二是在分配制度方面，全国推行平均主义分配制度，农民的生产积极性不高；三是农贸、农资流通方面，国家的统包政策达到极限，明令禁止或限制农村社员的家庭副业。

在这样的农业政策大背景下，尽管我国有些农产品产量有所增长，但却以高额的成本和对土地、草场、林木等自然资源的破坏为代价。

二、1979～2001 年的农业支持政策

(一) 1979～1991 年的农业支持政策

1978 年 12 月，党的十一届三中全会在北京召开，以此为标志，我国进入改革开放的全新时期。此后，我国农村普遍实行家庭联产承包责任制，充分调动了农民生产的积极性；同时，国家对农产品流通体制进行改革，积极发展农产品流通市场；注重农业科技在农业生产经营中的重要作用，努力提高农业劳动力的教育水平，积极探索农业产业化。

1982～1986 年，党中央、国务院连续五年将中央一号文件锁定为"三农"问题，力图通过政策的引导和扶植，加快农村经济发展。表 2－1 给出了 1982～1986 年中央一号文件的名称及主要内容。

表 2－1　　　　　　　　　　1982～1986 年中央一号文件及主要内容

年份	文件名称	政策目标
1982	全国农村工作会议纪要	正式承认包产到户的合法性
1983	当前农村经济政策的若干问题	放活农村工商业
1984	关于一九八四年农村工作的通知	疏通流通渠道，以竞争促发展
1985	关于进一步活跃农村经济的十项政策	调整产业结构，取消统购统销
1986	关于一九八六年农村工作部署	增加农业投入、调整工农城乡关系

资料来源：杜润生，《杜润生自述：中国农村体制变革重要决策纪实》，人民出版社 2005 年版。

从表 2－1 中可看出，早在 20 世纪 80 年代初，我国就非常重视农村和农业发展。1982 年，正式承认包产到户的合法性，这为提高农民生产积极性、增加农产品产量提供了重要的法律保障；1983 年，开始放活农村工商业，这为农村市场的完善起到了积极作用；1984 年，通过疏通农产品交易的流通渠道，并积极引进竞争机制促进农产品市场发展；1985 年，对农产品的传统购销关系进行改革，加快农村经济改革步伐；1986 年，首次提出以工补农的发展思想，在此思想影响下，我国逐步取消以农补工的政策方针，积极处理工业、农业之间的发展矛盾。这为促进农业生产和避免农业发展停滞，起到了积极作用。

1991 年，国家进一步在农产品价格和农产品流通体制方面深化改革。除了少数重要的农产品实行国家统一收购经营或部分统一收购经营外，其余全

部开放，实行市场调节，促进合理的农产品价格体制和农产品流通体制的形成。

（二）1992～2001年的农业支持政策

1992年9月，中国共产党第十四次全国代表大会在北京召开。此次会议作出要逐步建立社会主义市场经济体制的重大战略决策。此后，我国农业支持政策所涉及的范围和领域逐步扩大到支持农村基础设施建设、农村金融和信贷体系、农民减负、农村市场流通等多个方面。其中最大的一个可喜变化就是为农民减负。一方面，政府继续加大对农业的投资力度；另一方面，国家大幅度提高农副产品的收购价格，整顿农业市场秩序，让农民真正享受到政策调整带来的实惠。

在土地承包方面，土地承包期由1984年的15年调整为1993年后的30年。1993年11月，中共中央、国务院在《关于当前农业和农村经济发展若干政策措施》中指出，为鼓励农民增加投入，提高土地的生产率，在原定的承包期到期后，再延长30年不变。这表明国家对于土地政策的调整越来越贴近农民需要，越来越注重农业的长期健康发展。但此阶段国家在微观层面的土地政策太少，关于土地流转的政策还很不完善。

在农业投入方面，国家通过多种政策、动员各级政府和部门，加大对农业的投入。具体政策措施有：一是从增长幅度上加大对农业的投入，明确规定国家每年对农业总投入的增长幅度要高于国家财政经常性投入的增长幅度；二是调整和优化农业投入结构，加大在大型水利工程、农产品生产基地建设、市场体系建设等方面的资金投入，同时鼓励各级政府通过积极压缩基本建设项目支出，以增加对农业的投入；三是改革农村金融体制，并要求金融部门加强对农业生产经营的贷款，逐步建立农业保险制度；四是积极通过集体、农民、社会群体、外资等多种渠道，加大对农业的投入。这为农业总产值的增加和农民收入水平的提高，起到了重要作用。农业增加值由1978年的1 027.50亿元增加到2001年的15 781.30亿元，累计增加了14.36倍；农村居民人均纯收入由1978年的133.6元提高到2001年的2 366元，累计增加了16.71倍。

在粮食流通体制改革方面，进一步提高粮食价格，改革粮食的统购统销制度。国家在1979年、1986～1989年、1992年三次提高粮食价格的基础上，又于1994年和1996年两次将小麦、稻谷、玉米、大豆等四种粮食的定购价格大幅度上调。在此时期继续实行最低保护价收购粮食制度，并于1993年起建立粮食风险基金，建立健全中央和地方的多级粮食储备体系，主要用于粮食市场的吞吐调节，同时为加强粮食管理，确保主要农产品的基本供应，搞好本地区的粮食平衡，建立"米袋子"省长负责制。在此时期农业支持政策的一个显著变化就是积极探索对种粮农民进行直补，为下一阶段农业支持政策的制定和完善起到了积极引导作用。

三、2002 年至今的农业支持政策

我国于 2001 年底加入世界贸易组织。我国在享受世界贸易组织成员国基本权利的同时，也要承担应尽的义务。为此，在农业支持政策方面应该有所变化。

在粮食流通方面，将按照"放开销区、保护产区、省长负责、加强调控"的 16 字方针对粮食流通体制进行改革。2004 年 5 月 26 日，国务院发布了《粮食流通管理条例》，明确了粮食行政管理部门是全社会的粮食流通和对市场主体准入资格审查的职能部门。2004 年 5 月 31 日，国务院又发布了《关于进一步深化粮食流通体制改革的意见》，特别强调要充分发挥市场机制在配制粮食资源中的基础性作用，实现粮食购销市场化和市场主体多元化。实行对种粮农民直接补贴的机制，切实保障粮食主产区和种粮农民的利益。深化国有粮食企业改革，切实转换经营机制，发挥国有粮食购销企业的主渠道作用；建立健全适应社会主义市场经济发展要求和符合我国国情的粮食流通体制，确保国家粮食安全。此后的中央一号文件多次提出要为农产品流通和农民生产生活资料供应提供方便、优质、高效的服务。

在农业基础设施方面，自 2004 年起，每年的中央一号文件都把加强农业基础设施建设作为重要内容。2009 年，更是将加强农田水利建设作为中央一号文件的主题。在农田水利设施建设方面，继续发展节水灌溉，加强对大型灌区续建配套和节水改造工程的投资力度。在改善耕地质量方面，强调施用化肥的科学方法，逐步增加有机肥的施用量。在乡村基础设施建设方面，加强对农村饮水安全工程、农村能源建设、农村公路建设的力度，积极推进美丽乡村建设。

在推进科技创新，建设现代农业方面，2004 年以来中央一号文件多次强调要加大对农业科研的投入力度，积极培养农业科技人才，加强农业技术研发，并鼓励涉农企业与科研单位进行农业技术合作，同时对向基地农户积极推广农业新品种、新技术的涉农企业，将给予所得税方面的优惠政策。积极发展农业机械化。改善农机装备结构，提升农机装备水平，走符合中国国情和各地实际情况的

农业机械化道路。加快粮食生产机械化进程，因地制宜地拓展农业机械化的作业和服务领域。加快农业信息化建设，建设农业信息化服务平台，建立国家、省、市、县四级农业信息网络中心。加快建设标准统一、应用性强的农业数据库。加强农村一体化的信息基础设施建设，创新服务模式，启动农村信息化示范工程。

在农产品价格方面，我国从 2004 年开始对小麦、稻谷等重要农产品实施最低保护价格制度。若市场价格高于最低保护价格，国有粮食企业则按照市场价格收购。2014 年又开始实行农产品目标价格制度，并在 2014 年底开始在新疆等地进行目标价格支持政策试点，这为完善和优化我国农产品价格制度起到了积极作用。

在农业补贴方面，2003 年，国家开始减征、免征农业特产税的改革试点。从 2004 年开始，国家实行以"取消农业税、工业反哺农业"为主的农业新政。一方面减免农业税，另一方面开始实施农业补贴。于 2006 年全面取消农业税，包括农业税、农业特产税、屠宰税及牧业税等。同时从 2004 年开始对种粮农户实行粮食直接补贴、良种补贴、农机具购置补贴等政策。2006 年开始，面对农资成本上涨的压力，我国又提出了农资综合补贴政策，和前面的三项补贴政策合在一起，统称为"四补贴"政策。同时国家还在每年的中央一号文件中提出要在上一年的基础上，进一步增加补贴资金，提高对种粮农民的补贴力度，并将补贴资金逐步向种植大户、养殖大户倾斜，以保障国家粮食安全、促进农民增收、实现农业可持续发展。

在农业金融方面，我国农业发展一缺资金，二缺技术。为了解决种粮农户的资金融通问题，从 2004 年开始，我国多次在中央一号文件中提出要对农业发展提供金融支持。如 2007 年中央一号文件提出，县域内的各金融机构要在保证资金安全的前提下，可将一定比例的新增存款用于支持农业和促进农村经济发展。充分发挥政策性银行在解决"三农"资金短缺中的重要作用。2009年中央一号文件又提出，要鼓励和支持金融机构创新农村金融产品和金融服务，大力发展小额信贷和微型金融服务。加快发展政策性农业保险，扩大试点范围、增加险种，加大中央财政对中西部地区保费补贴力度，加快建立农业再保险体系和财政支持的巨灾风险分散机制，鼓励在农村发展互助合作保险和商业保险业务。

在土地制度方面，2002 年国家颁布《农村土地承包法》。对农村土地承包的原则、程序、承包期限、发包方式、承包方的权益和责任、承包地流转的方式等都做出了具体而明确的规定。提出耕地、草地、林地的承包期限分别为 30 年、30～50 年、30～70 年。进一步保障了农民长期的土地使用权，调动了农民生产的积极性，2004 年 10 月 21 日，国务院又颁发了《关于深化改革严格土地管理的决定》，指出要严肃查处非法批地、占地等违法案件，同时对农民的失地、失业问题，要按照法定标准给予农民合理的补偿。这些土地政策切实保护了农民利益，对农村社会经济发展和整个社会的和谐稳定，都具有重要作用。

　　总之，自 2002 年以来，尤其是 2004 年以来，我国连续 13 年将中央一号文件锁定为"三农"问题。在中央一号文件的指引下，我国出台了更多、更全面、更细致的农业支持政策。从政策内容来看，涵盖了农业经济领域的方方面面，既有农民增收，也有农业发展，还有新农村建设；既有农业基础设施，也有农业科技创新，还有农业现代化建设。表明国家对"三农"的支持正朝着全面化、现代化的目标迈进。

第二节　农业支持政策的分类与特征

　　自改革开放以来，特别是党的十六大以来，随着国家对"三农"问题的高度重视，农业支持政策的种类越来越多。本节先对农业支持政策进行适当的分类，然后结合政府对新型农业经营主体出台的支持政策，重点从农业投入、农业补贴、农产品价格、农村金融、农业科技、农村扶贫开发等方面对我国农业支持政策进行考察，在此基础上，总结农业支持政策的特征，指出农业支持政策实施中的问题。

一、农业支持政策的分类

　　为更好地促进农业发展、农民增收和农村进步，国家出台了一系列的农业支持政策。关于农业支持政策的分类，按照不同的标准，可以分为不同的类型。本书根据 OECD 的 PSE 政策分类标准，将我国目前的农业支持政策可以分为两大类，一类是农业生产者支持政策，另一类是一般服务支持政策。在每一大类下面，有相应的政策小类，在政策小类下面，有具体的政策措施。具体的分类情况，如表 2－2 所示[①]。

---

　　① 朱满德、程国强：《中国农业政策：支持水平、补贴效应与结构特征》，载于《管理世界》2011年第 7 期，第 52 页。

表 2 – 2　　　　　　　　　　　　农业支持政策的分类

政策大类	政策小类		具体政策措施
农业生产者支持政策	价格支持政策		最低收购价、目标价格等
	挂钩补贴政策	基于投入品使用的补贴政策	农机具购置补贴、农业保险保费补贴、节水灌溉技术推广补贴、大型商品粮基地建设、小型农田水利建设工程等
		与产量挂钩，根据现期耕种面积、所得收益及收入总额进行补贴的政策	粮食直补、农资综合补贴、良种补贴等
	脱钩补贴政策	与产量不挂钩，根据非现期耕种面积、所得收益及收入总额进行补贴的政策	农村扶贫开发等
		基于非商品标准的补贴政策	退耕还林补贴、退牧还草补贴等
一般服务支持政策	农业综合开发项目、农业基础设施建设、涉农项目优惠贷款、农技推广体系建设、新型农民科技培训工程、农业科技入户项目、产粮大县奖励、生猪调出大县奖励等		

资料来源：政策分类参考 OECD（2009）。

从表 2 – 2 中可看出，在农业生产者支持政策下面含有价格支持政策、挂钩补贴政策以及脱钩补贴政策三个小类；而在一般服务支持政策下面，直接是具体的政策措施。

需要指出的是，上述分类结果并不是固定不变的，随着"三农"问题的不断发展变化，我国农业支持政策的分类会越来越细，种类也越来越多样化。

二、农业支持政策的分类考察

从农业支持政策的分类结果来看，挂钩补贴政策、脱钩补贴政策、价格支持政策、农村金融政策、农业科技政策等是农业支持政策中的重要类型。但不管是哪一类农业支持政策，在政策实施的过程中，都要投入一定的政策资金，因此，农业投入政策是确保这些政策实施的重要基础。关于挂钩补贴政策，其中的重要内容是"四补贴"① 政策。关于脱钩补贴政策，农村扶贫开发政策是其重要内容。因此，接下来我们重点从农业投入政策、以"四补贴"为核心的农业补贴政策、农产品价格支持政策、农村金融政策、农业科技政策以及农村扶贫开发政

---

① "四补贴"是指粮食直补、农资综合补贴、良种补贴和农机具购置补贴。

策等方面对农业支持政策进行分类考察，这些政策也是政府对新型农业经营主体的支持重点。

（一）农业投入政策

这里的农业投入，主要是指政府在农业方面的资金投入，为此，我们可用"财政支农支出"这一指标的变化来考察农业投入支持政策。下面分别从绝对量的对比分析和相对量的对比分析两个方面来考察。

1. 绝对量的对比分析

表2-3给出了1978~2013年财政支农资金绝对额的变化情况。

表2-3　　　　　1978~2013年财政支农各项资金绝对额的变化情况　　　单位：亿元

年份	财政支农支出1	农业基本建设支出	农业科技三项费用	农村救济费	农业综合开发投入	财政支农支出总额①
1978	76.96	51.13	1.05	6.89	0.00	150.66
1979	90.11	62.41	1.52	9.80	0.00	174.33
1980	82.11	48.58	1.30	7.26	0.00	149.95
1981	73.68	24.15	1.18	9.08	0.00	110.21
1982	79.88	28.81	1.13	8.60	0.00	120.49
1983	86.66	34.25	1.81	9.38	0.00	132.87
1984	95.94	33.63	2.18	9.55	0.00	141.29
1985	101.04	37.73	1.95	12.90	0.00	153.62
1986	124.30	43.88	2.71	13.34	0.00	184.20
1987	134.17	46.82	2.27	12.47	0.00	195.72
1988	158.74	39.66	2.38	13.28	8.76	222.83
1989	197.13	50.63	2.47	15.69	17.85	283.80
1990	221.76	66.72	3.10	16.26	25.43	333.27
1991	243.56	75.51	2.94	25.58	29.20	376.79
1992	269.03	85.00	3.00	18.99	29.70	405.71
1993	323.44	95.00	2.99	19.01	33.61	474.04
1994	399.69	107.01	3.01	23.29	34.99	567.98
1995	430.20	110.00	2.98	31.74	46.21	621.14
1996	510.04	141.53	4.92	43.90	56.39	756.85
1997	560.76	159.75	5.45	40.39	59.64	825.99

---

① 这里的财政支农支出总额仅包括"支援农村生产支出和农林水利气象事业费""农业基本建设支出""农业科技三项费用""农村救济费""农业综合开发中财政投入"等五项财政支农支出，其余的支农项目（如农村中小学教育支出、农村卫生支出、水利建设基金、支援不发达地区支出、农村税费改革转移支付、农产品政策性补贴支出、农业生产资料价格补贴、农业科学事业费，央行对农信社发行、兑付专项票据的支出等）均未作统计。

续表

年份	财政支农支出1	农业基本建设支出	农业科技三项费用	农村救济费	农业综合开发投入	财政支农支出总额
1998	625.97	460.72	9.16	58.92	83.06	1 237.82
1999	677.47	357.02	9.08	42.12	94.03	1 179.85
2000	766.92	414.52	9.77	40.42	124.93	1 356.42
2001	917.96	480.88	10.32	47.61	130.30	1 587.06
2002	1 102.62	423.79	9.80	44.34	137.83	1 718.54
2003	1 134.78	527.32	12.37	79.76	149.25	1 903.67
2004	1 693.68	542.47	15.63	85.86	143.93	2 481.58
2005	1 792.48	512.51	19.87	125.25	164.47	2 614.85
2006	2 161.49	504.36	21.59	181.92	366.32	3 539.37
2007	2 243.02	607.06	24.51	166.83	363.28	3 404.70
2008	3 056.30	869.27	30.90	194.94	392.60	4 544.01
2009	4 582.65	1 362.90	45.03	277.55	452.28	6 720.41
2010	5 510.23	1 718.59	60.16	330.87	509.72	8 129.58
2011	6 509.50	1 985.13	62.84	391.31	572.21	9 520.99
2012	8 146.47	2 482.69	81.26	436.94	630.09	11 777.46
2013	9 343.72	2 783.03	92.35	493.66	630.81	13 343.56

资料来源:《中国农村统计年鉴》《中国财政年鉴》。

注:财政支农支出1是指支援农村生产支出与农林水利气象等部门事业费支出之和;

中国自1988年开始立项实施农业综合开发,故1978～1987年该项目支出为零。

财政支农支出总额=财政支农支出1+农业基本建设支出+农业科技三项费用+农村救济费+其他(1984年后取消)+农业综合开发投入;

国家财政是指中央财政与地方财政的统称,未作特殊说明时,财政即指国家财政;

因2014年中国农村统计年鉴仅公布了2012年财政支农支出的数据资料,故2013年财政支农支出的各项数据资料(农业综合开发投入除外)按1978～2012年的平均发展速度估算得到。

从表2－3中可看出,1978～2013年,我国财政支农支出资金总额除个别年份有所减少外,其余年份均保持增加。具体来说,首先由1978年的150.66亿元增加到1979年的174.33亿元,然后减少到1981年的110.21亿元,接着增加到1998年的1 237.82亿元,财政支农资金总额在经历1999年的短暂减少后又增加到2006年的3 539.37亿元,但这一数值在2007年又有所减少,仅为3 404.70亿元,之后财政支农支出总额迅速攀升,到2013年时已达到13 343.56亿元。1978～2013年,我国财政支农资金总额增长了87.57倍。

从财政支农资金总额的构成来看,1978～2013年,财政支农支出1始终是财政支农支出总额的最主要组成部分,由1978年的76.96亿元增加到2013年的9 343.72亿元,增长120.41倍;农业基本建设支出也是财政支农支出总额的重要组成部分,由1978年的51.13亿元增加到2013年的2 783.03亿元,增长53.43

倍；农业科技三项经费在财政支农支出总额中所占数额最少，1978 年仅为 1.05 亿元，到 2013 年时也仅为 92.35 亿元；农村救济费所占数额也较少，1978 年仅为 6.89 亿元，2013 年增加到 493.66 亿元；农业综合开发投入资金 1988 年才开始设立，当时仅为 8.76 亿元，到 2013 年时这一数额已增加到 630.81 亿元，成为财政支农资金总额的第三大组成部分。

2. 相对量的对比分析

为对财政支农资金相对量的变化进行分析，表 2-4 给出了 1978～2013 年国家财政总支出、GDP 总量、农业增加值的数据资料。

表 2-4　1978～2013 年国家财政总支出、GDP 总量、农业增加值的变化情况

单位：亿元

年份	国家财政总支出	GDP 总量	农业增加值	年份	国家财政总支出	GDP 总量	农业增加值
1978	1 122.09	3 645.20	1 027.50	1996	7 937.55	71 176.60	14 015.40
1979	1 281.79	4 062.60	1 270.20	1997	9 233.56	78 973.00	14441.90
1980	1 228.83	4 545.60	1 371.60	1998	10 798.18	84 402.30	14 817.60
1981	1 138.41	4 891.60	1 559.50	1999	13 187.67	89 677.10	14 770.00
1982	1 229.98	5 323.40	1 777.40	2000	15 886.50	99 214.60	14 944.70
1983	1 409.52	5 962.70	1 978.40	2001	18 902.58	109 655.20	15 781.30
1984	1 701.02	7 208.10	2 316.10	2002	22 053.15	120 332.70	16 537.00
1985	2 004.25	9 016.00	2 564.40	2003	24 649.95	135 822.80	17 381.70
1986	2 204.91	10 275.20	2 788.70	2004	28 486.89	159 878.30	21 412.70
1987	2 262.18	12 058.60	3 233.00	2005	33 930.28	183 084.80	22 420.00
1988	2 491.21	15 042.80	3 865.40	2006	40 422.73	216 314.40	24 040.00
1989	2 823.78	16 992.30	4 265.90	2007	49 781.35	265 810.30	28 627.00
1990	3 083.59	18 667.80	5 062.00	2008	62 592.66	314 045.40	33 702.00
1991	3 386.62	21 781.50	5 342.20	2009	76 299.93	340 902.80	35 226.00
1992	3 742.20	26 923.50	5 866.60	2010	89 874.16	401 512.80	40 533.60
1993	4 642.30	35 333.90	6 963.80	2011	109 247.79	472 881.60	47 486.20
1994	5 792.62	48 197.90	9 572.70	2012	125 952.97	519 322.10	52 373.60
1995	6 823.72	60 793.70	12 135.80	2013	140 212.10	568 845.00	56 957.00

资料来源：《中国财政年鉴》《中国统计年鉴》。

注：我国对财政支出总额的统计工作，于 1994 年取消了国内外债务部分，故为了统一口径，本表中国家财政支出均不包括国内外债务部分；本表对 GDP 总量和农业增加值的统计采用当年价格计算。

接下来给出 1978～2013 年财政支农资金占比、农业增加值占比和财政支农系数的变化情况，如表 2-5 所示。

表 2 - 5　　　　　　　1978～2013 年财政支农资金占比、农业增加值
占比和财政支农系数的变化情况

年份	财政支农资金占比（%）	农业增加值占比（%）	财政支农系数	年份	财政支农资金占比（%）	农业增加值占比（%）	财政支农系数
1978	13.43	28.19	0.48	1996	9.54	19.69	0.48
1979	13.60	31.27	0.43	1997	8.95	18.29	0.49
1980	12.20	30.17	0.40	1998	11.46	17.56	0.65
1981	9.68	31.88	0.30	1999	8.95	16.47	0.54
1982	9.80	33.39	0.29	2000	8.54	15.06	0.57
1983	9.43	33.18	0.28	2001	8.40	14.39	0.58
1984	8.31	32.13	0.26	2002	7.79	13.74	0.57
1985	7.66	28.44	0.27	2003	7.72	12.80	0.60
1986	8.35	27.14	0.31	2004	8.71	13.39	0.65
1987	8.65	26.81	0.32	2005	7.71	12.25	0.63
1988	8.94	25.70	0.35	2006	8.76	11.11	0.79
1989	10.05	25.10	0.40	2007	6.84	10.77	0.64
1990	10.81	27.12	0.40	2008	7.26	10.73	0.68
1991	11.13	24.53	0.45	2009	8.81	10.33	0.85
1992	10.84	21.79	0.50	2010	9.05	10.10	0.90
1993	10.21	19.71	0.52	2011	8.72	10.04	0.87
1994	9.81	19.86	0.49	2012	9.35	10.09	0.93
1995	9.10	19.96	0.46	2013	9.52	10.01	0.95

资料来源：根据表 2 - 4 和表 2 - 5 计算得到。
注：财政支农资金占比 = 财政支农资金/财政总支出；
农业增加值占比 = 农业增加值/GDP 总量；
财政支农系数 = 财政支农资金占比/农业增加值占比。

为了更好地反映财政支农资金相对量的变化，这里特引入"财政支农系数"这一指标，具体是用财政支农资金占比除以农业增加值占比而得到。该指标数值越大，表明国家对农业投入力度越大。图 2 - 1 给出了 1978～2013 年财政支农系数的变化趋势。

从图 2 - 1 中可看出，1978～2013 年，财政支农系数的变化有起有落，在 1984 年之前，该指标一直处于下降趋势；1985～1993 年，该指标一直处于上升趋势；1994～2013 年，该指标处于波浪式上升的发展态势。从总体上来看，我国财政支农系数保持了上升的发展势头，由 1978 年的 0.48 上升到 2013 年的 0.95。这说明国家对农业投入的力度在加大，国家越来越重视"三农"问题，但从财政支农系数的波动也反映出国家对农业投入的稳定性还需要进一步加强。

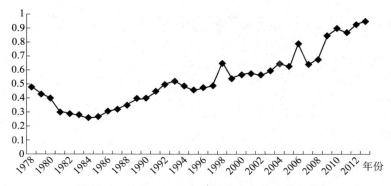

图 2 - 1 1978 ~ 2013 年财政支农系数变化趋势

资料来源：根据表 2 - 5 中数据绘制所得。

上述分析表明国家越来越重视"三农"问题，对农业投入的力度正在逐步加大。为更为全面地分析财政支农资金相对量的变化，下面我们考察财政支农资金内部结构的变动情况（见表 2 - 6）。

表 2 - 6　　　1978 ~ 2013 年财政支农资金内部结构的变动情况　　单位：%

年份	财政支农支出 1 占比	农业基本建设支出占比	农业科技三项费用占比	农村救济费占比	农业综合开发财政投入占比
1978	51.08	33.94	0.70	4.57	0
1979	51.69	35.80	0.87	5.62	0
1980	54.76	32.40	0.87	4.84	0
1981	66.85	21.91	1.07	8.24	0
1982	66.30	23.91	0.94	7.14	0
1983	65.22	25.78	1.36	7.06	0
1984	67.90	23.80	1.54	6.76	0
1985	65.77	24.56	1.27	8.40	0
1986	67.48	23.82	1.47	7.24	0
1987	68.55	23.92	1.16	6.37	0
1988	71.24	17.80	1.07	5.96	3.93
1989	69.46	17.84	0.87	5.53	6.29
1990	66.54	20.02	0.93	4.88	7.63
1991	64.64	20.04	0.78	6.79	7.75
1992	66.31	20.95	0.74	4.68	7.32
1993	68.23	20.04	0.63	4.01	7.09
1994	70.37	18.84	0.53	4.10	6.16
1995	69.26	17.71	0.48	5.11	7.44
1996	67.39	18.70	0.65	5.80	7.45

续表

年份	财政支农支出1占比	农业基本建设支出占比	农业科技三项费用占比	农村救济费占比	农业综合开发财政投入占比
1997	67.89	19.34	0.66	4.89	7.22
1998	50.57	37.22	0.74	4.76	6.71
1999	57.42	30.26	0.77	3.57	7.97
2000	56.54	30.56	0.72	2.98	9.21
2001	57.84	30.30	0.65	3.00	8.21
2002	64.16	24.66	0.57	2.58	8.02
2003	59.61	27.70	0.65	4.19	7.84
2004	68.25	21.86	0.63	3.46	5.80
2005	68.55	19.60	0.76	4.79	6.29
2006	61.07	14.25	0.61	5.14	10.35
2007	65.88	17.83	0.72	4.90	10.67
2008	67.26	19.13	0.68	4.29	8.64
2009	68.19	20.28	0.67	4.13	6.73
2010	67.78	21.14	0.74	4.07	6.27
2011	68.37	20.85	0.66	4.11	6.01
2012	69.17	21.08	0.69	3.71	5.35
2013	70.02	20.86	0.69	3.70	4.73

资料来源：根据表2-4的数据计算所得。

注：由于1978～1983年财政支农支出中有其他项目，但本表未列入，故表中1978～1983年各年的各项支农支出占比之和不足100%；农业综合开发投入是从1988年开始的，故1978～1987年无此数据。

根据表2-6，我们得到1978～2013年财政支农资金内部结构变动情况的趋势图，如图2-2所示。

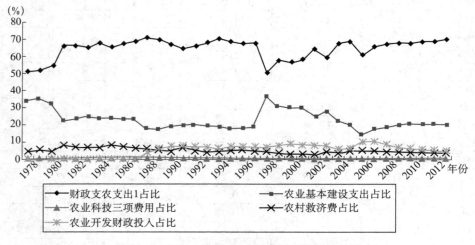

图2-2　1978～2013年财政支农支出内部结构

资料来源：根据表2-6中数据绘制所得。

结合表 2－6 和图 2－2，我们可以得出：第一，财政支农支出 1 在财政支农支出总额中的占比始终是最高的，所占比例始终保持在 50% 以上，且总体上呈现出上升的态势，尽管如此，财政支农支出 1 占比的发展变化也不够稳定，有些年份起伏还比较大，如 1998 年和 2006 年，均出现较大幅度的下降；第二，农业基本建设支出在财政支农支出总额中的占比始终是居于第二位，并呈现出"下降—上升—下降—上升"的变化规律，但总体上是下降的趋势，占比由 1978 年的 33.94% 下降到 2013 年的 20.86%；第三，农业科技三项经费占比在财政支农总额中始终是最小的，且很多年份占比都不足 1%，如 2013 年占比仅为 0.69%，这说明国家在农业科技方面的费用投入太少了，严重制约了农业科技进步的发展进程，同时也反映出我国财政支农资金内部分配不合理；第四，农村救济费在财政支农支出总额中的占比尽管不大，但波动也相对较小，多处于 3% ~ 5% 之间；第五，农业综合开发投入自 1988 年开始设立以来，在财政支农支出总额中的占比基本是处于第三位，但其发展变化总体上呈现出先上升再下降的"倒 U 型"发展态势，这说明农业综合开发投入的变化还不够稳定，因而不利于农业的可持续发展。

总体上看，财政支农资金的内部分配比较失衡，财政支农支出 1 占比太大，过高的"财政吃饭供养"份额严重削弱了"生产性支农"部分。这说明尽管国家对农业投入的力度正在逐步加大，但由于内部资金分配的不合理，会严重影响国家对农业投入支持的政策效果，因此应引起政府及有关管理部门的高度重视。

（二）农业补贴政策

为切实提高农户从事农业生产经营活动的积极性，我国从 2002 年开始实施，到 2006 年形成以"四补贴"为核心的新农业补贴政策。经过十多年的发展和实践，新农业补贴政策在发展现代农业、提高农产品国际竞争力、增强农业可持续发展能力方面发挥了极为重要的作用。最近几年，基于提高农民福利水平的目标考虑，我国将农业补贴的重心由农产品流通领域向农业生产领域转移，由保障粮食供给向农民增收转移（王文娟，2011）[①]。

1. 2004 年以来"四补贴"资金绝对额变化分析

表 2－7 给出了 2004 ~ 2013 年"四补贴"资金绝对额的变化情况。

---

① 王文娟：《新形势下我国农业补贴政策的思考》，载于《中国行政管理》2011 年第 7 期，第 59 ~ 62 页。

表 2 - 7　　　　　　　2004 ~ 2013 年"四补贴"资金绝对额的变化情况　　　　单位：亿元

年份	粮食直补	农资综合补贴	农机具购置补贴	良种补贴	汇总
2004	116	—	0.7	28.5	145.2
2005	132	—	3	37.52	172.52
2006	142	120	6	40.2	308.2
2007	151	276	20	66.6	513.6
2008	151	716	40	120.7	1 027.7
2009	151	795	130	198.5	1 274.5
2010	151	835	154.9	204	1 344.9
2011	151	860	175	220	1 406
2012	151	1 078	215	249.4	1 693.4
2013	151	1 294	218	337	2 000

资料来源：中华人民共和国财政部、农业部网站。

注：2002 ~ 2003 年，我国仅实施了良种补贴，且补贴金额分别仅为 1 亿元和 3 亿元；

我国于 2006 年开始实施农资综合补贴，故 2004 年、2005 年该项指标数据为 0；

2013 年农资综合补贴和良种补贴数据未查找到确切数据，故这两项指标数据是笔者根据前几年这两项补贴金额的变化趋势进行估算得到的。

从表 2 - 7 中可以看出，四项补贴资金总额由 2004 年的 145.2 亿元增加到 2013 年的 2 000 亿元，增长了 12.77 倍，这对于农业增产、农民增收具有重要支持作用。从各项补贴资金来看，粮食直补资金由 2004 年的 116 亿元增加到 2007 年的 151 亿元后，一直保持稳定；农资综合补贴资金项目自 2006 年实施以来，资金投入保持了较快增长态势，由 2006 年的 120 亿元增加到 2013 年的 1 294 亿元，增长了 9.78 倍；农机具购置补贴资金由 2004 年的 0.7 亿元增加到 2013 年的 218 亿元，增长了 310.43 倍；同时补贴机型和补贴范围进一步扩大，补贴机型由 2004 年的"六机"（大中型拖拉机、深松机、免耕播种机、收割机、插秧机、秸秆还田机）扩大到 2013 年的 12 大类 48 个小类 175 个品目，基本覆盖了农林牧渔业生产主要的机械设备，补贴范围由 2004 年的 66 个县扩大到全国所有的农牧业县（场）；良种补贴资金也呈显著增长态势，资金额由 2004 年的 28.5 亿元增加到 2013 年的 337 亿元，增长了 10.82 倍，同时补贴品种已扩大到所有农产品及生猪、奶牛等养殖业。

2. 2004 年以来"四补贴"资金相对量变化分析

图 2 - 3 给出了 2004 ~ 2013 年"四补贴"资金总额占财政支农支出总额的比重变化情况。

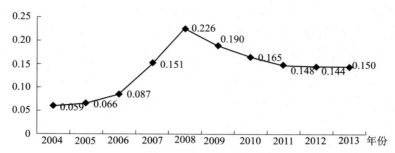

图2-3 2004~2013年"四补贴"资金总额占财政支农支出总额的比重变化情况

资料来源：根据表2-4和表2-8中数据计算所得。

从图2-3中可看出，尽管从2004~2013年，四项补贴资金的绝对额发生了较大幅度的增长，但从相对额来看，四项补贴资金总额占财政支农支出总额的比重并不是一直走高的，先由2004年的0.059增加到2008年的0.226，之后下降到2013年的0.145。说明从相对量来看，国家对于四项补贴资金的投入并不是持续增加的，因此国家通过四项补贴资金投入的变化来实现农业增产、农民增收，还有很大的提升空间，还有很大的潜力可挖。

接下来进一步分析四项补贴资金内部构成的变化情况，如表2-8所示。

表2-8　　　　　　2004~2013年"四补贴"资金内部构成的比重变化情况　　　　单位：%

年份	粮食直补占比	农资综合补贴占比	农机具购置补贴占比	良种补贴占比	汇总
2004	0.7989	0.0000	0.0048	0.1963	1.0000
2005	0.7651	0.0000	0.0174	0.2175	1.0000
2006	0.4607	0.3894	0.0195	0.1304	1.0000
2007	0.2940	0.5374	0.0389	0.1297	1.0000
2008	0.1469	0.6967	0.0389	0.1174	1.0000
2009	0.1185	0.6238	0.1020	0.1557	1.0000
2010	0.1123	0.6209	0.1152	0.1517	1.0000
2011	0.1074	0.6117	0.1245	0.1565	1.0000
2012	0.0892	0.6366	0.1270	0.1473	1.0000
2013	0.0755	0.6470	0.1090	0.1685	1.0000

资料来源：根据表2-7中数据计算所得。

注：我国于2006年开始实施农资综合补贴，故2004年、2005年农资综合补贴占比为0。

从表2-8中可看出，2004~2013年，农业四项补贴资金内部构成的变化还是非常显著的。粮食直补资金占比由2004年的0.7989，一直下降到2013年的0.0755；农资综合补贴资金占比呈现出先增加后减少，再增加的变化趋势；农机具购置补贴资金占比除2013年外，其余年份均呈现出增加的变化趋势，由2004

年的 0.0048 增加到 2012 年的 0.1270，但 2013 年该比值有所减少，降低到 0.1090；良种补贴资金的变化幅度相对较小，大部分年份保持在 0.1400~0.2000 之间。从最近几年的占比情况来看，农资综合补贴在四项补贴资金总额中占比最大，其次是良种补贴资金占比，农机具购置补贴资金占比排在第三位，而粮食直补资金占比最小。这些变化反映了国家在四项补贴资金投入方面的变化和政策导向。

（三）农产品价格支持政策

由于"谷贱伤农"效应的存在，我国自 2004 年以来加快了农产品价格改革步伐，完善了农产品价格支持制度。这为农产品增产、农民增收起到了重要作用。为分析问题方便，这里以粮食价格为例来梳理 2004 年以来我国农产品价格支持政策的变化情况。为准确反映 2004 年以来我国粮食价格的走势，我们使用粮食生产价格指数来分析该时期粮食价格的波动变化。表 2-9 给出了 2004~2013 年主要粮食作物生产价格指数的变化情况。

表 2-9　　2004~2013 年主要粮食作物生产价格指数变化情况（上年 =100）

年份	小麦	稻谷	玉米	年份	小麦	稻谷	玉米
2004	131.2	136.3	116.9	2009	107.9	105.2	98.5
2005	96.4	101.6	98.0	2010	107.9	112.8	116.1
2006	100.1	102.0	103.0	2011	105.2	113.3	109.9
2007	105.5	105.4	115.0	2012	102.9	104.1	106.6
2008	108.7	106.6	107.3	2013	106.7	102.2	100.2

资料来源：《中国农村统计年鉴》。

为了更加清晰地反映 2004~2013 年主要粮食作物生产价格指数的变化情况，我们得到 2004~2013 年主要粮食作物生产价格指数变化的趋势图，如图 2-4 所示。

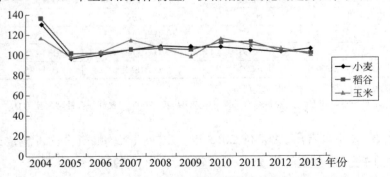

图 2-4　2004~2013 年主要粮食作物生产价格指数变化的趋势

资料来源：根据表 2-9 中的数据绘制所得。

结合表 2 - 9 和图 2 - 4 我们可以看出，第一，从总的价格变化趋势看，2004～2013年，这三种主要粮食作物的价格均呈现出提升的发展态势，表明国家对农产品价格是支持的；第二，2004 年是这三种农产品价格涨幅最大的一年，原因是国家从 2004 年起，重新将中央一号文件锁定为"三农"问题，国家对农业、农村、农民的发展问题再次上升到新的高度，故 2004 年和 2003 年相比，农产品价格有大幅度的提升；第三，就小麦生产价格而言，除了 2005 年和上年相比有所降低外，其余年份均保持增长，且其价格变化相对稳定；第四，稻谷价格自 2004 年以来，一直保持提升势头，但不同年份价格提升速度差别较大，表明稻谷的价格变化还不太稳定；第五，玉米价格在这三种主要粮食作物中价格波动最大，且出现两年的价格（2005 年和 2009 年）均低于上年，表明玉米价格的变化很不稳定，甚至会影响到玉米总产量的增加。

国家对粮食生产价格的支持，这对于粮食播种面积的增加显然是一利好消息。接下来给出 2004～2013 年我国粮食主产区各省份粮食播种面积的变化情况。如表 2 - 10 所示。

从表 2 - 10 中可看出，2004～2013 年，在全国粮食主产区各省份中，只有四川省的粮食播种面积略有减少，而其余省份均保持不同程度的增长，尤以黑龙江省和河南省的增长最为显著。这表明国家 10 年来所实施的粮食价格支持政策的效应还是比较明显的，对促进我国粮食播种面积的稳定乃至增加起到了积极作用。当然，有些省份粮食播种面积也出现了一定的波动，因此国家对粮食价格的支持政策还要进一步加大力度。

接下来通过给出 2004～2013 年我国粮食主产区各省份粮食播种面积占总播种面积的比重变化情况，进一步考察国家所实施的粮食价格支持政策的效应。

从表 2 - 11 中可看出，2004～2013 年，在全国粮食主产区各省份中，除辽宁、湖南、四川三省外，其余省份的粮食播种面积占比均有不同程度的提升，这也再次说明了国家所实施的粮食价格支持政策取得了一定的成效。但同时我们也应该看到，粮食主产区各省份粮食播种面积占比的变化均有一定程度的波动，这表明在工业化、城镇化快速推进的背景下，如何进一步发挥粮食价格支持政策的作用，确保我国粮食安全，是政府及有关管理部门要考虑的重要问题。

表 2 - 10　　2004～2013 年我国粮食主产区各省份粮食播种面积变化情况

单位：千公顷

年份	2004	2005	2006	2007	2008	2009	2010	2011	2012	2013
吉林	4 312.1	4 294.5	4 325.5	4 334.7	4 391.2	4 427.7	4 492.2	4 545.1	4 610.3	4 789.9
黑龙江	8 458.0	8 650.8	9 023.7	10 820.5	10 988.9	11 391.0	11 454.7	11 502.9	11 519.5	11 564.4
辽宁	2 906.7	3 052.0	3 156.4	3 127.2	3 035.9	3 124.1	3 179.3	3 169.8	3 217.3	3 226.4
内蒙古	4 181.1	4 373.6	4 461.9	5 119.9	5 254.5	5 424.0	5 498.7	5 561.5	5 589.4	5 617.3
河北	6 003.4	6 240.2	6 199.4	6 168.1	6 158.1	6 216.5	6 282.2	6 286.1	6 302.4	6 315.9
山东	6 176.3	6 711.7	6 797.5	6 936.5	6 955.6	7 030.1	7 084.8	7 145.8	7 202.3	7 294.6
河南	8 970.1	9 153.4	9 303.1	9 468.0	9 600.0	9 683.6	9 740.2	9 859.9	9 985.2	10 081.8
安徽	6 312.2	6 410.9	6 493.5	6 477.8	6 561.1	6 605.6	6 616.4	6 621.5	6 622.0	6 625.3
江苏	4 774.6	4 909.5	4 985.1	5 215.6	5 267.1	5 272.0	5 282.4	5 319.2	5 336.6	5 360.8
江西	3 350.1	3 441.5	3 534.9	3 525.3	3 578.1	3 604.6	3 639.1	3 650.1	3 675.9	3 690.9
湖北	3 712.4	3 926.8	4 067.1	3 981.4	3 906.7	4 012.5	4 068.4	4 122.1	4 180.1	4 258.4
湖南	4 754.1	4 838.6	4 807.3	4 531.3	4 588.8	4 799.1	4 809.0	4 879.6	4 908.0	4 936.6
四川	6 476.5	6 564.8	6 583.3	6 450.0	6 430.9	6 419.4	6 402.0	6 440.5	6 468.2	6 469.9

资料来源：《中国农村统计年鉴》。

表 2-11　2004~2013 年我国粮食主产区省份粮食播种面积占比变化情况

单位:%

年份	2004	2005	2006	2007	2008	2009	2010	2011	2012	2013
吉林	87.93	86.69	86.78	87.68	87.86	87.20	86.03	87.03	86.74	88.49
黑龙江	85.53	85.79	86.20	90.94	90.90	93.91	94.23	94.11	94.14	94.78
辽宁	78.07	80.39	83.80	84.43	81.69	79.71	78.04	76.46	76.41	76.66
内蒙古	70.58	70.36	70.86	75.72	76.59	78.29	78.52	78.22	78.13	77.90
河北	69.04	71.03	70.63	71.29	70.68	71.60	72.06	71.65	71.77	72.19
山东	58.06	62.52	63.36	64.68	64.62	65.22	65.49	65.77	66.28	66.46
河南	65.05	65.74	65.58	67.21	67.86	68.28	68.36	69.15	70.01	70.39
安徽	68.61	69.89	71.01	73.16	73.09	73.10	73.08	73.39	73.83	74.06
江苏	62.26	64.25	65.52	70.41	70.13	69.75	69.33	69.41	69.74	69.77
江西	64.64	65.53	65.91	67.21	67.12	67.04	66.68	66.53	66.53	66.47
湖北	51.88	53.94	55.33	56.63	53.15	53.30	50.87	51.46	51.74	52.53
湖南	60.28	60.65	59.54	61.31	61.16	59.84	58.53	58.08	57.66	57.07
四川	68.99	69.25	68.11	69.52	68.13	67.74	67.54	67.33	66.98	66.82

资料来源:《中国农村统计年鉴》。

（四）农村金融政策

2004 年以来，中共中央、国务院已连续出台多个以"三农"问题为主题的中央一号文件，而在这些中央一号文件中，加快农村金融改革，解决农业、农村、农民融资难问题都是其重要内容。为此，要加快农村金融改革步伐，具体是从完善农村信用社改革、农业银行股份制改革、农业发展银行改革、农村民间金融试点以及农业保险改革试点等方面进行，并积极鼓励中小金融机构发展，以完善农村金融体系，破解农村融资难问题。

表 2－12 给出了 2005～2013 年农户存贷余额对比情况。

表 2－12　　　　　　　　　2005～2013 年农户存贷余额对比情况

年份	农户储蓄存款余额	农业贷款余额	农村金融资金存贷差	农村金融资金存贷比
2005	24 606. 37	11 529. 93	13 076. 44	2. 1341
2006	28 805. 12	13 208. 19	15 596. 93	2. 1809
2010	59 080. 36	26 043. 20	33 037. 16	2. 2686
2011	67 332. 15	29 817. 03	37 515. 12	2. 2582
2012	73 296. 28	32 030. 57	41 265. 71	2. 2883
2013	78 307. 41	34 593. 28	43 714. 13	2. 2637

资料来源：根据国研网数据中心数据整理所得。

注：农户储蓄存款余额、农业贷款余额、农村金融资金存贷差的计量单位均为亿元；

农村金融资金存贷差 = 农户储蓄存款余额 - 农业贷款余额；

农村金融资金存贷比 = 农户储蓄存款余额/农业贷款余额。

从表 2－12 中可看出，如果仅从农业贷款余额来看，农业发展银行、农业银行、邮政储蓄银行、农村信用合作社、村镇银行等主要涉农金融机构为农业提供贷款的绝对额在逐年增加，表明国家从政策上积极引导这些金融机构为农业发展提供资金支持，取得了一定的成效。但从农村金融资金存贷差和存贷比这两项指标的发展变化来看，主要涉农金融机构从农村吸收的存款要大大高于向农村发放的贷款，且二者之间的绝对离差越来越大，存贷比也在总体上呈现上升趋势，这表明这些金融机构向农村提供金融服务的积极性并没有增加，反而是降低了。主要原因是由于农业生产的高风险、低收益特征和金融资金的趋利性相矛盾，导致一些本应该为农业开发和农业技术进步提供强有力资金支持的金融机构在服务"三农"方面也是缩手缩脚，支农作用十分有限。具体来说，作为政策性银行的农业发展银行，在实践中已演变为专门从事粮棉油收购贷款的银行；农业银行在转变为股份制商业银行后，大量撤销或合并农村分支金融机构，涉农贷款比率明显降低；农村信用合作社虽提出要为农村发展和农户需求积极提供金融服务，但由于其资产质量差，历史包袱重，严重影响了其支农作用的发挥；邮政储蓄银行出于经营风险的考虑，对农户往往是"多存少贷"，不仅不能为农户提供及时、足额的贷款服务，反而从农村吸入大量的存款资金，并将这些存款放贷给更加有利可图的行业和部门，已演变为农村资金的"抽血机"；村镇银行等新型金融机构资金实力有限、缺乏经验且发展缓慢，导致其金融供给能力十分有限。因此，虽然国家从政策上要下大力气解决农村融资难问题，但由于金融机构的趋利性，导致其对农村提供贷款服务的积极性大大降低，无法满足农村居民日益增长的农村金融需求和服务，这将严重不利于农民增收以及农业的可持续发展。

（五）农业科技政策

农业科技对于农产品质量提升、农产品产量增加以及农民增收都具有至关重要的作用。2004 年以来，党中央、国务院多次强调要积极发展现代农业。而机械化和规模化是现代农业的重要参考指标。因此，要实现现代农业的发展目标，必须发挥农业科技的作用。图 2 - 5 给出了 1991 ～ 2013 年我国农业科技投入额的变化情况。

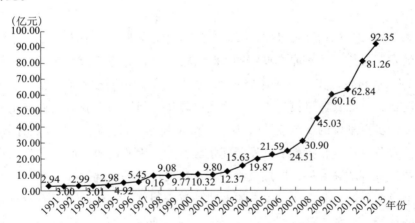

图 2 - 5　1991 ～ 2013 年我国农业科技投入额的变化情况

资料来源：《中国科技统计年鉴》。

注：考虑数据的可得性以及权威性，这里的农业科技投入用财政支农支出中的"农业科技三项费用"表示。

从图 2 - 5 中可看出，1991 ～ 2013 年，我国农业科技投入额的变化呈现出高速增长的发展态势，尤其是 2004 年以来增幅最为明显。这表明国家越来越重视农业科技方面的资金投入，日益增加的农业科技投入为我国现代农业的发展奠定了重要基础。

农业科技投入的连年增长，也带动了农业科技进步贡献率的提升。图2-6给出了1991~2013年我国农业科技进步贡献率的变化情况。

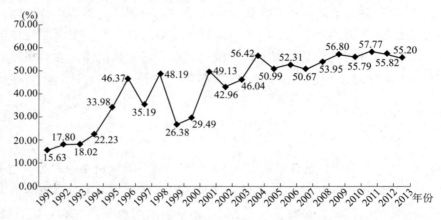

图2-6 1991~2013年我国农业科技进步贡献率的变化情况

资料来源：根据《中国统计年鉴》《中国农村统计年鉴》以及《中国科技统计年鉴》的数据计算所得。

从图2-6中可以看出，1991~2013年，我国农业科技进步贡献率总体上呈现增长的发展态势，特别是2003年以来，农业科技进步贡献率均在50%以上，2013年的农业科技进步贡献率是1991年的3.53倍，表明在农业科技经费投入加大的情况下，我国农业科技进步贡献率提升较快。但同时，我们还应指出，我国农业科技进步贡献率的发展变化并不是持续走高的，其发展过程也是有起有伏，表明我国农业科技进步贡献率的发展还不够稳定，因此需要政府进一步出台促进农业科技进步的政策文件，以加快我国农业科技进步的发展进程。

以上分析表明，我国逐年加大农业科技投入力度，有效促进了农业科技进步贡献率的提升，这为提高农产品产量、促进农民增收发挥了积极作用。但和世界农业先进国家相比，我国农业科技投入仍然偏低，农业科技水平仍然比较落后，具体表现为：我国农业科研经费占农业总产值的比重仅为0.2%~0.25%，而世界平均水平为1%，一些发达国家甚至超过了5%；我国农业生产科技贡献率只有48%左右，而发达国家基本在70%以上。以上这些严重限制了我国农业国际竞争力的提升和农业的可持续发展。因此，在农业科技方面，我国还有很长的路要走。

（六）农村扶贫开发政策

新中国成立以来，我国扶贫政策经历了从无到有、从零散到系统、从间接到直接、从局部到全局、从大水漫灌到精准扶贫的演化，扶贫瞄准目标经历了由贫困县—贫困村—贫困户的重大变化。在这些扶贫政策的推动下，我国用于农村扶贫开发的财政投入也在逐年增加。表 2 - 13 给出了 2007～2013 年我国农村最低生活保障制度财政投入状况[①]。

表 2 - 13　　　　2007～2013 年我国农村最低生活保障制度财政投入状况

年份		2007	2008	2009	2010	2011	2012	2013
全部财政投入（亿元）		104	222	363	445	668	718	867
其中	中央财政（亿元）	—	—	255	269	503	431	612
	地方财政（亿元）	—	—	108	176	165	287	255
年增长率（%）		—	113.5	55.40	29.00	50.10	7.50	17.30

资料来源：民政部社会救助司。

从表 2 - 13 中可看出，2007～2013 年，我国用于农村最低生活保障制度的财政投入逐年增加，7 年时间累计增加 763 亿元，累计增幅达到 733.65%。从来源来看，中央财政始终是我国农村最低生活保障制度财政投入的主体。

与此同时，我国农村的最低生活保障财政投入在 2011 年开始超过城市（2011 年城市最低生活保障制度财政投入为 660 亿元），2013 年农村的低保财政投入更是比城市多了 110 亿元。增长较快的财政投入为我国农村扶贫工作的顺利开展奠定了物质基础，也有效缓解了我国农村的贫困状况。

除了逐年加大农村最低生活保障制度财政投入外，我国还积极完善农村五保供养制度[②]，并逐年加大财政资金投入。表 2～14 给出了 2009～2013 年我国农村五保供养制度财政投入状况。

表 2 - 14　　　　2009～2013 年我国农村五保供养制度财政投入状况

年份	2009	2010	2011	2012	2013
财政投入（亿元）	88	98	122	145	172
年增长率（%）	—	11.40	24.50	18.90	18.60

资料来源：中华人民共和国民政部规划财务司，2009 年；中华人民共和国民政部，2011～2014 年。

---

① 唐钧：《中国的贫困状况与整合性反贫困策略》，载于《社会发展研究》2015 年第 2 期，第 22～40 页。

② 农村五保供养制度是极有中国特色的社会救助制度。具体是指对无依无靠、无劳动能力的孤寡老人、残疾人和孤儿，依靠财政资金实行"五保供养制度"，即保吃、保穿、保住、保医、保葬（老人）或保教（孤儿）。

从表 2－14 中可看出，2009～2013 年，我国用于农村五保供养制度的财政投入逐年增加，累计增加 84 亿元，5 年大约翻了一番，累计增幅达到 95.45%。财政投入的快速增长，有效改善了农村贫困人口的生活水平。

除了加大财政资金投入做好扶贫工作外，我国还根据国际国内经济发展情况的变化，积极调整农村扶贫标准，确保农村贫困人口生活水平的提高。表 2－15 给出了 2004～2013 年我国农村扶贫标准和贫困人口的变化情况。

表 2－15　　　　2004～2013 年我国农村扶贫标准和贫困人口的变化情况

年份	农村扶贫标准（元）	贫困人口（万人）
2004	668	2 610
2005	683	2 365
2006	693	2 148
2007	785	1 479
2008	1 196	4 007
2009	1 196	3 597
2010	1 274	2 688
2011	2 300	12 238
2012	2 300	9 899
2013	2 300	8 249

资料来源：李小云、张雪梅、唐丽霞，《当前中国农村的贫困问题》，载于《中国农业大学学报》，2005 年第 8 期；中华人民共和国统计局，2007～2014 年。

从表 2－15 中可看出，2004～2007 年，我国每年都根据物价上涨情况对农村扶贫标准进行微调，随着扶贫工作的推进，贫困人口从 2004 年的 2 610 万人减少到 2007 年的 1 479 万人，使 1 131 万人摆脱了贫困；2008 年，扶贫工作进行了较大改变，扶贫标准大幅度调高到 1 196 元，比 2007 年增加了 411 元，提高了52.36%，随着贫困标准的大幅度提高，贫困人口增加到 4 007 万人。2009 年实行和 2008 年同样的扶贫标准，但随着扶贫工作的稳步推进，贫困人口减少到3 597 万人；2010 年，国家微小上调了农村扶贫标准，但贫困人口依然减少到2 688 万人；2011 年，我国将扶贫标准猛增到 2 300 元，这个标准已非常接近世界银行每天 1 美元的国际贫困标准。伴随着扶贫标准的大幅度上调，贫困人口又增加到 12 238 万人，之后的 2012 年和 2013 年，国家依然采用这一扶贫标准，但随着扶贫力度的逐年加大，贫困人口已减少到 2013 年的 8 249 万人。

从以上分析可看出，我国的农村扶贫标准在不断地调高，且随着每次扶贫标准的大幅度调高，贫困人口总是先大幅度增加，然后通过扶贫开发工作，加大扶贫力度，再使贫困人口发生较快速度的减少。

在我国各项扶贫政策的带动下，我国贫困人口由 1978 年的 2.5 亿人减少到 2014 年的 7017 万人，贫困发生率由 26.0% 降低到 7.2%，贫困状况有了显著改善。但必须指出的是，尽管我国扶贫开发工作取得了巨大成就，但我国的扶贫开发工作也暴露出了诸多问题，如精准扶贫不精准、扶贫资金漏出率高、贫困地区贫富差距扩大、返贫率高等，这些都对未来我国的扶贫开发工作提出了严峻挑战。

三、农业支持政策的特征

（一）农业支持政策的力度越来越大

经过对有代表性的农业支持政策进行分析，我们可以得出国家对农业支持的力度在逐年加大。不论是财政支农支出的规模，还是各种补贴的标准以及对"三农"发展的其他投入，力度都是空前的。表明国家在支持农业发展、促进新农村建设以及支持农民增收方面的坚强决心。同时，根据不同年份农业经济发展的不同情况，农业支持政策的方向和重点是有所不同的，表明国家在出台农业支持政策方面，更具有针对性和目标性。如现阶段，我国将更多的农业支持政策投向新型农业经营主体。

（二）农业支持政策涵盖的领域越来越广

根据前文分析，我国现行的农业支持政策几乎涵盖了农业、农民和农村经济发展的方方面面，表明国家全方位支持"三农"发展。以往国家对农业的支持更多是在农产品产量增加和农民收入提高方面，而很少关注农民的医疗、养老等问题，而现在的政策则将农民的医疗、养老、技能培训等事关农民幸福指数变化的内容纳入支持范围，这将更有利于农民幸福指数的提升。因此，我国农业和农村发展、农民增收迎来了很好的发展机遇。

（三）农业支持政策发挥的作用越来越大

随着国家农业支持力度的逐步加大，农业支持政策在促进"三农"发展中的作用越来越大。农产品产量在诸多不利因素的影响下保持了基本稳定甚至是增加，如我国粮食产量保持 12 连增就是农业支持政策发挥作用的具体体现；农民收入实现连年增长且在收入增长速度方面已连续 6 年超过城镇居民；新农村建设成效显著，许多地区出现了富裕文明和谐的新农村。随着全方位农业支持政策的进一步落实，农业支持政策所发挥的作用将越来越大。

尽管我国农业支持政策实施取得的成绩是显著的，但并不代表我国农业支持政策的发展状况都是好的。我国农业支持政策在实施过程中也存在诸如资金分配不合理、措施不到位、对象选定不合理以及实施效率较低等问题，严重不利于农业支持政策实施效果的提升。

四、农业支持政策实施中的问题

（一）农业支持政策资金分配不合理

政策资金是政策取得效果的重要物质基础。近年来，随着我国农业支持力度的逐年加大，中央及地方财政在农业发展方面的资金支出也是日益增加。如财政支农支出总额由 2002 年的 1 718.54 亿元增加到 2012 年的 11 777.46 亿元，但从内部构成看，财政支农资金用于财政支农支出 1（指支援农村生产支出与农林水利气象等部门事业费支出之和）的比重高达 69.17%，但用于农业科技三项费用的资金占比和农业综合开发财政投入占比却非常低，分别只有 0.69% 和 5.35%，导致"财政吃饭供养"问题严重，而"生产性支农"资金严重不足，影响农业支持政策的实施效果。

（二）农业支持政策措施不到位

通过对我国农业支持政策进行分类考察，我们发现农业支持政策的目标是好的，但由于一些政策措施的不到位，导致农业支持政策目标的实现大打折扣。如在农村金融政策方面，国家期望通过政策的鼓励和支持，引导涉农金融机构积极向"三农"领域提供资金融通支持，但出于规避风险和趋利性因素的考虑，很多涉农金融机构不仅没有将更多的贷款资金投向"三农"领域，反而将从"三农"领域吸收的存款投放到非农领域，严重影响农业支持政策目标的实现。究其原因，主要是由于政府缺乏合理有效的政策措施，从而不能有效地激励涉农金融机构在贷款投向方面积极向"三农"领域倾斜。

（三）农业支持政策对象选定不合理

国家和各级管理部门出台农业支持政策的初衷和本意是好的，但由于农业支持政策对象选定的不合理，导致不利于农业支持政策目标实现的现象时有发生。如在农村扶贫开发政策方面，中央和地方财政用于农村扶贫开发方面的资金投入也有较大增加，但由于扶贫对象选定不合理，导致真正需要扶持的贫困户没有得到扶持，反而不是非常贫困的农户却得到了扶持，致使扶贫资金的漏出率较高，严重影响了农村扶贫开发政策的效果和扶贫目标的实现。

（四）农业支持政策实施效率较低

结合调研，我们发现，在农业支持政策实施过程中，存在一些阻碍因素，严重影响了农业支持政策的实施效率。这些阻碍因素主要有：一是政策的吸引力不足，很难激发起农户增加农产品种植和农业投资的热情，这涉及政策的制定层面；二是政策的宣传不到位，当中央政府制定好农业支持政策后，关于政策的宣传落实，主要靠地方政府来完成，但由于没有建立合理的激励约束机制，地方政府宣传落实农业支持政策的动力不足，这涉及政策的宣传层面；三是农民的素质普遍较低，对农业支持政策的理解程度有限，从而延缓其按照政策作出实际行动的时间，这涉及政策的认知层面。因此，从政策的制定到政策的宣传再到政策的认知，都有不利于农业支持政策实施的因素存在，从而导致农业支持政策实施的效率较低。

以上这些问题的存在，严重不利于农业支持政策的实施。而农业支持政策的实施是农业支持政策传导机制运行中的核心阶段，因此，要提高农业支持政策的实施效果，就要完善农业支持政策传导机制并促使其运行畅通。

根据前文分析，新型农业经营主体将在确保农业发展、实现农民增收方面发挥越来越重大的作用，因此我国目前将越来越多的农业支持政策面向新型农业经营主体，但由于这些政策涉及的资金数额大、利益主体多，导致这些支持政策在传导过程中面临的障碍更多，从而不利于这些政策实施效果的提升。因此，本书将通过对政府出台的关于新型农业经营主体的支持政策的传导机制进行研究，以期解决上述问题，最大限度发挥这些支持政策的作用。

第三章　政府对新型农业经营主体的支持
政策传导要素分析与机制构建

在前文明确农业支持政策传导过程中的要素构成的基础上，本章首先分析政府对新型农业经营主体的支持政策传导过程中的主体要素、客体要素；其次分析政府对新型农业经营主体的支持政策传导过程中的工具要素以及环境要素；再次指出政府对新型农业经营主体的支持政策传导机制的目标指向；最后在明确政府对新型农业经营主体的支持政策传导系统和传导过程的基础上，构建政府对新型农业经营主体的支持政策传导机制的基本框架。

第一节　政府对新型农业经营主体的支持政策传导主体与客体

本节介绍政府对新型农业经营主体的支持政策传导过程中的主体要素和客体要素。支持政策传导主体是指参与制定、细化和执行支持政策的个体和组织，包括中央和地方各级政府、农业及其他管理部门以及公共协调组织。支持政策传导客体是指政策主体在农业支持政策传导过程中具体调控的对象，具体可分为宏观客体和微观客体两大类。宏观客体是指与农业调控相关的社会生产活动的行业或产业门类，如农业、电力水利等基础性产业。微观客体是指农业调控中社会生产活动的独立个体，包括城乡居民家庭、农产品加工企业等。

一、政府对新型农业经营主体的支持政策传导主体

（一）中央和地方各级政府

根据我国目前的行政管理体制，从上到下共有中央、省（含自治区和直辖市）、市、县、乡五级政府。中央政府主要是根据我国农业经济发展的实际情况负责全国范围内农业支持政策的制定和出台，包括中央一号文件的制定，农业投入、农产品价格、农业补贴、农业科技、农村金融、农村扶贫等各项政策的出台。相对

于中央政府来说，省（含自治区和直辖市）、市、县、乡这四级政府统称为地方政府。地方政府首先负责落实中央政府制定的各项农业支持政策，然后再结合本地农业、农村经济发展的实际情况，在与中央农业支持政策不相违背的情况下，制定适合本地区的更为具体的农业支持政策。如在中央政府出台农机具购置补贴政策实施指导意见后，各地政府都相应出台了本地区农机具购置补贴的实施方案。

（二）农业及其他管理部门

农业部门是主管农业经济发展的政府职能部门，从上到下主要有国家农业部、省农业厅、市县农业局等。农业部门的重要职能是落实上级政府及农业部门、本级政府所制定的农业支持政策，并向下监督农业支持政策的落实情况，然后通过广泛调研了解我国及当地农业发展的实际情况，积极为本级政府或上级政府及农业部门提供促进农业发展的政策建议。此外，农业部门还是政府与农户之间联系的桥梁和纽带。

除了农业部门之外，其他的一些管理部门也对农业支持政策的制定和落实有重要影响，如发改委部门、财政部门、国土资源部门、科技部门、金融部门、水利部门、民政部门等。发改委部门的重要职能是根据各项农业支持政策的要求，确定农业经济发展的方向以及管理调控农产品价格。财政部门的重要职能是按照各项农业支持政策的标准和要求为农业和农村经济发展分配各项资金。国土资源部门的重要职能是贯彻和落实农业支持政策中关于土地调整和土地流转方面的内容，并为现代农业发展、农业机械化作业、新型农业经营主体的培育提供协调和支持。科技部门的重要职能是贯彻和落实农业支持政策中关于农业科技发展的内容，并为提高农业劳动生产率、提升农产品科技含量、增强农产品国际竞争力提供技术培训和服务。金融部门的重要职能是贯彻和落实农业支持政策中关于农村金融发展的内容，积极为农业发展提供资金支持。水利部门的重要职能是贯彻和落实农业支持政策中关于农田水利建设的内容，为农产品增产、农民增收奠定基础。民政部门的重要职能是贯彻和落实农业支持政策中关于扶贫开发的内容，积极提升农村的生活水平和生活质量。

（三）公共协调组织

与农业有关的公共协调组织的主要职能是为农业和农村发展提供服务，这些组织包括农民协会、农产品价格协会、农村发展事务协调组等。由于我国农民的素质普遍偏低，组织和协调能力不强，因此，农民协会在我国农业经济发展方面还未起到根本性的、较大的作用，但我们可以借鉴国外农业发达国家，如日本的农民协会，积极提升农民协会在我国农业经济发展中的地位和作用。农产品价格协会主要是从农产品价格方面，积极维护农民的权益。在我国农民整体素质不高的情况下，农产品价格协会应该发挥更大的作用，防止农产品价格被有意、人为地压低，影响农民的收入和生产积极性。农村发展事务协调组主要是站在农民的立场，积极地为农民争取各项权益，以促进农民整体生活水平的提高。

二、政府对新型农业经营主体的支持政策传导客体

（一）宏观客体

1. 农业

农业是整个国民经济的基础。国家发布农业支持政策，目的就是希望农业能朝着更加健康的方向发展，以实现整个国民经济的协调发展。但是从全世界范围来看，我国主要农作物的单产水平依然较低，严重制约了我国农业的增产甚至是农民的增收问题，因此迫切需要国家加大农业支持政策力度，积极扶持农业发展。表3-1给出了2012年我国主要农产品单产以及在世界的排名情况。

表3-1　　　　2012年我国主要农产品单产以及在世界的排名情况

农产品	我国单产（千克/公顷）	世界排位	世界最高单产（千克/公顷）	世界最高单产国家
小麦	4 986.98	8	8 925	新西兰
玉米	5 869.65	16	25 556	以色列
稻谷	6 776.92	7	9 530	埃及
大豆	1 819.58	14	3 001	荷兰

资料来源：《中国农村统计年鉴》，联合国 FAO 数据库。

从表3-1中可看出，在四种主要农产品中，我国没有一种农产品的单产能排进世界前5位，说明我国农产品的单产水平整体较低，尤其是玉米的单产水平，与以色列的单产25 536千克/公顷相比，相距甚大。这表明我国农业发展还很不够，竞争力还不强，因此，需要国家实行支持政策给予支持。

2. 电力水利产业

电力水利对农业发展有着重要影响。如果电力、水利设施完备，则有利于我国农业的田间管理和农产品增产，进而会促进我国农业的发展，否则，将对我国农业的发展产生严重不利影响。表3-2给出了我国农村电力和农田水利建设的基本情况。

表 3 - 2　　2004～2013 年我国农村电力和农田水利建设的基本情况

指标	单位	2004 年	2005 年	2006 年	2007 年	2008 年	2009 年	2010 年	2011 年	2012 年	2013 年
乡村办水电站	个	27 115	26 726	27 493	27 664	44 433	44 804	44 815	45 151	45 799	46 849
农村用电量	亿千瓦时	3 933	4 375.7	4 895.8	5 509.9	5 713.2	6 104.4	6 632.3	7 139.6	8 104.9	8 549.5
有效灌溉面积	千公顷	54 478.4	55 029.3	55 750.5	56 518.3	58 471.7	59 261.4	60 347.9	61 681.6	62 490.5	63 473.3
旱涝保收面积	千公顷	39 704.2	40 236.1	40 611.1	41 152.8	42 024.9	42 358.2	42 870.4	43 383.4	43 848.7	—
机电排灌面积	千公顷	36 055.2	36 715.4	36 913.4	37 761.6	39 277.5	40 016.3	40 750.2	41 464.7	42 491.4	—

资料来源：《中国农村统计年鉴》。

注：2013 年的旱涝保收面积、机电排灌面积数据未公布。2008 年起乡村办水电站统计口径变更为农村水电，统计口径与往年不可比。

从表 3 - 2 中可看出，2004 ~ 2013 年，我国农村电力和农田水利建设的总体趋势是好的，各项指标均处于增长状态。从各项指标的增长速度来看，农村用电量的增幅最大，由 2004 年的 3 933 亿千瓦时增加到 2013 年的 8 549.5 亿千瓦时，累计增幅达 117.38%，这对于乡村办水电站的个数提出了更高的要求。在农田水利建设方面，尽管各项指标数据都在增加，但增加的速度还不够快。这说明我国农田水利建设虽然取得了一定的成绩，但距离完全满足我国基本农田对灌溉的需求，还有一定的距离。因此，还希望国家在农业支持政策制定和传导过程中，将更多的农业支持政策指向农村电力和农田水利建设，为农产品增产、农民增收奠定基础，进而实现农业支持政策传导机制的最终目标。

（二）微观客体

1. 城乡居民家庭

家庭是社会的细胞。不管是城镇居民家庭，还是农村居民家庭，都对农产品有着广泛而大量的需求。表 3 - 3 给出了 2004 ~ 2012 年农村居民家庭平均每人食品消费量。

表 3 - 3　　　　　2004 ~ 2012 年农村居民家庭平均每人食品消费量　　　单位：千克

年份	粮食（原粮）	蔬菜	食油	猪牛羊肉	家禽	蛋类及其制品	水产品
2004	218.27	106.61	5.29	14.76	3.13	4.59	4.49
2005	208.85	102.28	6.01	17.09	3.67	4.71	4.94
2006	205.62	100.53	5.84	17.03	3.51	5.0	5.01
2007	199.48	98.99	5.96	14.88	3.86	4.72	5.36
2008	199.07	99.72	6.25	13.94	4.36	5.43	5.25
2009	189.26	98.44	6.25	15.33	4.25	5.32	5.27
2010	181.44	93.28	6.31	15.84	4.17	5.12	5.15
2011	170.74	89.36	7.48	16.32	4.54	5.4	5.36
2012	164.27	84.72	7.83	16.36	4.49	5.87	5.36

资料来源：《中国统计年鉴》。

从表 3 - 3 中可看出，2004 ~ 2012 年，农村居民家庭对主要食品的消费呈多元化方向发展。对粮食（原粮）、蔬菜的消费量有所降低，但对食油、猪牛羊肉、家禽、蛋类及其制品、水产品的消费量总体上均保持增长。表明农村居民家庭对粮食（原粮）、蔬菜消费的依赖性有所降低，而且更加注重食品消费的丰富性和生活质量的提高。因此，我国农业支持政策的制定及其传导应体现出农村居民家庭消费的这种变化，延长农业产业链，并注重农产品的精深加工，才能在更大程度上激发农民的消费需求，实现农业支持政策的传导效果。

表3－4给出了2004～2012年城镇居民人均购买主要农产品数量。

表3－4		2004～2012年城镇居民人均购买主要农产品数量					单位：千克
年份	粮食	鲜菜	食用植物油	猪牛羊肉	家禽	鲜蛋	水产品
2004	78.18	122.32	9.29	22.85	6.37	10.35	12.48
2005	76.98	118.58	9.25	23.86	8.97	10.4	12.55
2006	75.92	117.56	9.38	23.78	8.34	10.41	12.95
2007	77.6	117.8	9.63	22.14	9.66	10.33	14.2
2008	79.47	123.15	10.27	22.7	8.0	10.74	14.57
2009	81.33	120.45	9.67	24.2	10.47	10.57	14.93
2010	81.53	116.11	8.84	24.51	10.21	10.0	15.21
2011	80.71	114.56	9.26	24.58	10.59	10.12	14.62
2012	78.76	112.33	9.14	24.96	10.75	10.52	15.19

资料来源：《中国统计年鉴》。

注：2008年粮食购买量、水产品购买量的数据缺失，故采取前后两年的平均值作为2008年粮食购买量、水产品购买量的近似值。

从表3－4中可看出，2004～2012年，城镇居民家庭对主要农产品的消费总体上保持稳定，但对家禽、水产品的消费量明显上升。这表明城镇居民也更加注重生活质量的提高。因此，在农业支持政策方面，需要国家出台并传导更多的农产品多样化、农产品精深加工方面的政策。

通过将表3－3和表3－4进行对比分析发现，除了在粮食消费方面，农村居民家庭超过城镇居民家庭外，在其余各种产品的消费上，都是城镇居民家庭远远多于农村居民家庭，这表明在生活水平和生活质量方面，农村居民家庭和城镇居民家庭相比，还有一定的差距。因此，在农业支持政策传导方面，需要国家更多鼓励农村居民家庭的消费。

但总体上看，不论是农村居民家庭，还是城镇居民家庭，都对农产品有着广泛的需求且需求的农产品越来越多元化。因此，国家应通过各项农业支持政策的扶持，积极提升农民从事农业生产经营活动的积极性，有效增加农产品产量，确保我国农产品的供给总量，并积极调节我国农产品的供给结构，保证城乡居民家庭对农产品的需求，以提升整个社会的生活水平和生活质量。

2. 新型农业经营主体

针对新型农业经营主体的支持政策，其政策传导的重要微观客体便是新型农业经营主体。这些新型农业经营主体以农产品加工企业、农业产业化龙头企业等为代表。

随着我国国民经济的不断发展，在我国农业领域出现了一大批生产能力强、带动效应显著、农产品竞争能力提升快的农产品加工企业。这些企业在延伸农业产业链、实现农产品精深加工、增加农产品产值、提高农民收入等方面发挥了积极作用。在各项农业支持政策的滋润下，农产品加工企业逐步发展壮大，并在我国各地形成了一大批农业产业化龙头企业，有效满足了城乡居民家庭对精深加工农产品日益增长的需求，并积极为农业和农村发展发挥更大作用。以湖北省为例，截至 2013 年末，全省共有产业化龙头企业 6 335 家，其中经认定的省级重点龙头企业 763 家，国家级重点龙头企业 48 家；年销售收入 10 亿元以上的 55 家；农产品加工业累计获得"中国驰名商标"75 件，显著提升了湖北省农产品的知名度和品牌竞争力，同时也带动当地农户走上致富之路。据统计，2006～2013 年，全省各类产业化组织辐射带动农户数由 628.5 万户次增加到 1098 万户次，累计增幅达 74.70%；各类组织签订订单数由 3 130 万亩增加到 7 500 万亩，累计增幅达 139.62%；参与产业化经营农户户均增收由 1320 元增加到 3 051 元。产业化组织辐射带动农户数、订单数与带动户均增收数保持多年连续增长态势，产业化组织为农户增收发挥了重大作用，参与产业化经营已成为当前农户增收的一大主要来源。

第二节　政府对新型农业经营主体的支持政策传导工具与环境

在政府对新型农业经营主体的支持政策传导过程中，中央政府及农业主管部门根据不同的发展目标，并结合当时社会经济发展的基本情况，选择相应的政策工具进行操作。具体来说，政府对新型农业经营主体的支持政策传导工具可分为直接性政策工具和间接性政策工具两大类[①]。同时，这些支持政策的传导还要受所处的周围环境的影响。影响政府对新型农业经营主体的支持政策传导的环境具体分为经济环境、社会文化环境、制度或体制环境、自然环境以及技术环境等。

---

① 卢卫民：《宏观调控中的土地政策传导机制》，载于《浙江学刊》2010 年第 3 期，第 188～191 页。

一、政府对新型农业经营主体的支持政策传导工具

（一）直接性政策工具

直接性政策工具主要是运用行政性手段对与新型农业经营主体有关的农业发展和农产品市场进行调节，主要包括农产品供给政策和农产品价格调控政策等。

（1）农产品供给政策。农产品供给政策包括农产品供给计划、农产品供给规划、为保障农产品供给而制定的土地政策等。国家可以通过农产品供给政策的改变，积极引导农民的生产经营行为，从而调节农产品市场的供求关系，进而实现农产品市场的平稳健康发展，此外，国家掌握着一级土地市场的供应，国家可以出台相应的土地政策，以稳定耕地资源的规模，这是确保农业安全和农业可持续发展的重要基础。

（2）农产品价格调控政策。农产品价格调控政策主要是运用行政命令的方式，稳定农产品的销售价格，以防止农民收入出现大起大落的剧烈波动，从而确保我国农产品的产量基本稳定，甚至有所增加。在农产品价格调控方面，近年来我国使用较多的是农产品最低收购价政策。表 3 - 5 给出了 2004～2014 年我国粮食最低收购价的变化情况。

表3~5		2004~2014 年我国粮食最低收购价变化情况			单位：元/50 公斤	
年份	早籼稻	中晚籼稻	粳稻	白小麦	红小麦	混合小麦
2004	70	72	75	—	—	—
2005	70	72	75	—	—	—
2006	70	72	75	72	69	69
2007	70	72	75	72	69	69
2008	77	79	82	77	72	72
2009	90	92	95	87	83	83
2010	93	97	105	90	86	86
2011	102	107	128	95	93	93
2012	120	125	140	102	102	102
2013	132	135	150	112	112	112
2014	135	138	155	118	118	118

资料来源：历年《中国统计年鉴》；历年《全国农产品成本收益资料汇编》；历年《国有粮食企业粮食分品种收购、销售情况》，其中，2013～2014 年数据引用艾格农业数据库（Cnagri Database）相关数据。

从表 3 - 5 中可看出，2004～2014 年，我国逐年稳步提高粮食最低收购价。早籼稻由 70 元提高到 135 元，累计提价 92.86%；中晚籼稻由 72 元提高到 138

元，累计提价91.67%；粳稻由75元提高到155元，累计提价106.67%；白小麦由72元提高到118元，累计提价63.89%；红小麦和混合小麦均由69元提高到118元，累计提价71.01%。粮食最低收购价的稳步提高，对于农民增收起到了积极作用，同时也确保了粮食产量的连年增产。

直接性政策工具具有直接、及时等特点。中央及地方各级政府通过对这些政策工具的调整和改变，可直接实现对农产品供给和农产品价格的调整。

（二）间接性政策工具

间接性政策工具主要是运用经济性手段来实现对与新型农业经营主体有关的农业发展和农产品市场的调节，主要包括财政农业投入、农村金融、农业科技、农业补贴等政策。

（1）财政农业投入政策。这一政策的支持力度可以用财政支农支出总量（绝对量）以及财政支农支出占财政支出的比重（相对量）来衡量。通过前面第二章对我国农业投入政策的考察，我们得出，从绝对量来看，国家用于农业方面的财政支出在逐年增加，但从相对量来看，财政支农支出占财政支出的比重近年来没有发生明显的变化。这反映出政府财政支农支出的相对水平还显得非常不够，因此，希望国家在制定并实施农业支持政策时，不仅要从绝对量上加大对农业的财政投入，也要从相对量上加大对农业的财政投入，这样才能确保在农业支持政策传导过程中，财政农业投入这一间接性政策工具效用的发挥。

（2）农村金融政策。由于我国长期以来所倡导的农村支持城市、农业支持工业的发展战略，导致我国农村经济发展大大落后于城市。尽管最近几年，国家调整了发展战略，即由农村支持城市、农业支持工业调整为城市支持农村、工业支持农业，但农村经济发展落后的状况很难在短时期内发生改变。因此，农村经济发展落后、农民收入水平低下是制约我国农业可持续发展的重要因素。为此，中央及地方各级政府决定从政策上积极解决农民从事农业生产经营活动所需的资金问题，倡导和鼓励中国农业银行、中国农村发展银行、中国邮政储蓄银行、村镇银行、中国农村信用合作社、小额贷款公司等积极为农业发展提供资金支持。但由于向农业领域贷款的收益低、安全性差、资金回收周期长等原因，上述金融机构或准金融机构，在向农业领域贷款方面不但不积极，反而提高各种门槛，导致农业发展融资难的问题依然存在。因此，农村金融政策作为支持农业经济发展的重要政策工具，还未发挥较大而显著的支农作用。

（3）农业科技政策。中央及地方各级政府主要是通过加大农业科技投入、提供农业科技装备、增加农业研发部门人员和经费投入、加强农业技术培训、与相关高等院校和科研院所合作等方式来积极支持农业发展。由于我国农业科技水平整体偏低，因此，运用农业科技政策这项政策工具扶持农业发展的效应还是非常显著的。2014年，我国农业科技进步贡献率达到56%，比1991年提高了40.37个百分点。

（4）农业补贴政策。随着以"四补贴"为核心的新农业补贴政策的出台和完善，农业补贴政策变得越来越重要，已成为调整我国农业经济发展的重要政策工具。为此，中央及地方各级政府逐年加大农业补贴资金投入，积极支持农业发展。从10多年的实践来看，农业补贴政策所带来的支农效应还是非常显著的。以农机具购置补贴政策为例，2004~2013年，补贴资金由0.7亿元增加到218亿元，补贴机型由最初的仅限于六种机器（具体是大中型拖拉机、深松机、免耕播种机、收割机、插秧机、秸秆还田机）的购买，扩大到可以购买12大类48个小类175个品目的农机具，这大大激发了农民购置农机具的购买热情，提高了农民购置农机具的能力，为我国农业劳动生产率的有效提升奠定了基础。

二、政府对新型农业经营主体的支持政策传导环境

（一）经济环境

经济环境是政府对新型农业经营主体的支持政策传导的重要物质基础。经济环境，从宏观方面说就是我国经济发展的大环境，从微观方面说就是普通居民的社会购买力的高低。

从宏观层面看，我国经济发展的大环境，即我国现在已进入经济发展的新常态。我国经济发展的新常态，呈现出以下三个主要特点：一是从高速增长转为中高速增长；二是经济结构不断优化升级，第三产业消费需求逐步成为主体，城乡区域差距逐步缩小，发展成果惠及更广大民众；三是从要素驱动、投资驱动转向创新驱动。

以上特点和变化要求我国制定并实施的各项农业支持政策，要积极适应我国经济发展新常态，转变农业支持政策方式，调整农业支持政策目标，协调农业支持政策传导主体、客体之间的关系，更加注重农业支持政策传导的综合效果。

从微观层面看，经济环境主要是指我国普通居民的社会购买力的高低。在物价水平不变的条件下，收入水平越高，表明社会购买力越强，反之，则社会购买力越弱。因此，我们可以用剔除了物价变动的收入水平来衡量社会购买力的高低。由于农业支持政策传导的重要客体是农村居民，因此，给出剔除物价变动的农村居民收入的情况，如表3-6所示。

表 3-6　2004~2013 年我国各省市农村居民收入水平变化情况

年份	2004	2005	2006	2007	2008	2009	2010	2011	2012	2013
北京	5 784.81	6 788.79	7 580.29	8 443.52	9 077.36	10 090.01	11 199.32	11 783.64	12 754.17	13 741.91
天津	4 893.81	5 357.12	5 890.26	6 361.84	6 811.20	7 553.66	8 459.61	9 862.5	10 931.55	11 977.69
河北	3 064.07	3 291.75	3 534.38	3 797.70	3 923.99	4 201.21	4 691.74	5 264.35	5 829.70	6 346.28
山西	2 369.80	2 550.92	2 738.60	2 985.78	3 098.65	3 181.12	3 453.35	3 874.87	4 285.86	4 671.80
内蒙古	2 359.86	2 619.73	2 871.71	3 229.02	3 577.93	3 801.92	4 113.61	4 674.41	5 226.24	5 744.22
辽宁	3 095.33	3 321.03	3 623.21	3 951.59	4 375.75	4 661.12	5 196.40	5 915.61	6 527.62	7 145.58
吉林	2 840.50	3 033.21	3 317.34	3 599.04	4 022.49	4 264.35	4 852.14	5 542.80	6 197.22	6 741.74
黑龙江	3 018.73	3 163.05	3 406.47	3 759.50	4 120.85	4 366.50	4 965.10	5 703.32	6 282.33	6 825.13
上海	6 611.56	7 643.91	8 367.93	9 005.37	9 600.41	10 518.24	11 423.27	12 471.17	13 453.85	14 474.58
江苏	4 464.87	4 839.40	5 242.76	5 646.13	5 994.99	6 555.02	7 160.09	8 011.95	8 818.55	9 586.67
浙江	5 584.70	6 183.11	6 742.23	7 277.25	7 741.02	8 521.01	9 280.55	10 163.19	11 060.52	11 957.15
安徽	2 381.35	2 469.37	2 751.41	3 132.68	3 479.24	3 751.61	4 257.27	4 740.40	5 318.84	5 868.40
福建	3 898.08	4 126.63	4 469.65	4 795.30	5 195.72	5 721.82	6 152.21	6 905.91	7 657.18	8 403.02
江西	2 778.08	3 051.98	3 321.35	3 670.27	4 009.75	4 367.20	4 822.14	5 436.54	5 996.44	6 537.35
山东	3 298.37	3 609.64	3 971.96	4 304.79	4 586.94	4 970.14	5 486.03	6 182.18	6 863.36	7 525.54
河南	2 448.16	2 695.92	3 017.35	3 378.00	3 620.49	3 891.69	4 308.21	4 854.65	5 401.96	5 911.64
湖北	2 776.82	2 882.69	3 121.17	3 471.84	3 765.46	4 071.86	4 574.55	5 089.70	5 624.73	6 165.82
湖南	2 541.20	2 715.87	2 917.70	3 143.72	3 383.17	3 695.22	4 100.71	4 536.05	5 058.19	5 555.64

续表

年份	2004	2005	2006	2007	2008	2009	2010	2011	2012	2013
广东	4 370.46	4 571.98	4 873.46	5 213.12	5 607.03	6 187.44	6 849.23	7 703.75	8 422.18	9 075.26
广西	2 244.83	2 391.06	2 631.72	2 867.64	3 025.16	3 346.63	3 694.38	3 997.87	4 444.40	4 905.25
海南	2 733.05	2 865.16	3 035.22	3 328.46	3 542.26	3 866.89	4 063.96	4 606.45	5 129.76	5 625.04
重庆	2 475.17	2 748.93	2 746.84	3 202.62	3 566.88	3 935.74	4 491.44	5 238.38	5 816.99	6 394.94
四川	2 320.09	2 540.88	2 660.64	2 965.10	3 265.77	3 500.90	3 871.11	4 408.16	4 937.20	5 414.35
贵州	1 598.19	1 706.62	1 769.13	1 970.42	2 133.66	2 315.88	2 607.56	2 970.79	3 313.45	3 723.40
云南	1 739.74	1 886.62	2 042.66	2 257.67	2 508.70	2 718.91	3 078.31	3 506.28	3 931.54	4 340.03
西藏	1 764.63	1 952.40	2 234.27	2 455.27	2 645.78	2 904.53	3 330.46	3 769.39	4 251.32	4 717.98
陕西	1 736.33	1 875.70	2 057.14	2 290.30	2 545.64	2 740.69	3 125.87	3 625.60	4 030.38	4 392.10
甘肃	1 673.71	1 736.96	1 846.37	1 895.53	2 039.51	2 183.39	2 421.93	2 615.62	2 924.59	3 205.03
青海	1 755.97	1 871.79	2 029.48	2 152.40	2 186.17	2 349.76	2 563.76	2 874.78	3 245.69	3 614.62
宁夏	2 192.88	2 343.25	2 519.95	2 742.22	2 887.89	3 128.77	3 454.16	3 718.42	4 176.86	4 514.45
新疆	2 166.73	2 367.28	2 559.42	2 776.28	2 790.23	3 032.43	3 426.87	3 761.23	4 220.47	4 624.47

资料来源：根据历年《中国农村统计年鉴》整理所得。

从表 3－6 中可看出，2004～2013 年，从纵向来看，我国各省份农村居民人均纯收入均处于增长状态，且大部分省份农村居民人均纯收入增长在 1 倍以上，表明从整体上看我国各省份农村居民的购买力更强了，这一经济环境的变化将有利于政府对新型农业经营主体的支持政策的传导；但从横向上看，我国各省份农村居民人均纯收入差异很大，2013 年，我国农村居民人均纯收入最高的省份为上海，达到 14 474.58 元；农村居民人均纯收入最低的省份是甘肃，仅为 3 205.03 元，表明我国各省份农村居民人均纯收入差异较大，从而说明我国各省份农村居民购买力差异较大，这就要求政府对新型农业经营主体的传导要注意这一情况的变化，针对不同的省份采用不同的政策工具，以积极发挥这些支持政策传导的作用。

（二）人口环境

农民是政府对新型农业经营主体的支持政策传导的微观客体，因而农民数量以及农民文化程度的高低对支持政策的传导效果有直接影响。表 3－7 给出了 2004～2013 年我国第一产业就业人员数的变化情况。

表 3－7　　　　　　　2004～2013 年我国第一产业就业人员数的变化情况

年份	乡村人口数（万人）	乡村就业人员数（年末）（万人）	第一产业就业人员数（万人）	第一产业就业人员数占比（%）
2004	75 705	46 971	34 830	74.2
2005	74 544	46 258	33 442	72.3
2006	73 160	45 348	31 941	70.4
2007	71 496	44 368	30 731	69.3
2008	70 399	43 461	29 923	68.9
2009	68 938	42 506	28 890	68.0
2010	67 113	41 418	27 931	67.4
2011	65 656	40 506	26 594	65.7
2012	64 222	39 602	25 773	65.1
2013	62 961	38 737	24 171	62.4

资料来源：《中国农村统计年鉴》。

注：第一产业就业人员数占比＝第一产业就业人员数/乡村就业人员数。

从表 3－7 中可看出，2004～2013 年，不论是乡村人口数、乡村就业人员数，还是第一产业就业人员数都在呈逐年递减态势，且第一产业就业人员数占乡村就业人员数的比重也在呈逐年降低状态。伴随着第一产业就业人员数的减少，我国农业支持政策传导的作用对象也将变得越来越少，这对于我国农业支持政策传导的效果实现构成了严峻挑战。

不仅如此，我国农村居民劳动力的文化程度严重偏低，也严重影响了农业支持政策传导的效果。表 3 - 8 给出了 2004 ~ 2012 年农村居民劳动力的文化状况。

表 3 - 8　　　　　2004 ~ 2012 年农村居民劳动力各种文化状况占比情况

年份	不识字或识字很少	小学程度	初中程度	高中程度	中专程度	大专及以上
2004	7. 46	29. 20	50. 38	10. 05	2. 13	0. 77
2005	6. 87	27. 23	52. 22	10. 25	2. 37	1. 06
2006	6. 65	26. 37	52. 81	10. 52	2. 40	1. 25
2007	6. 34	25. 76	52. 91	11. 01	2. 54	1. 45
2008	6. 15	25. 30	52. 81	11. 40	2. 66	1. 68
2009	5. 94	24. 67	52. 68	11. 74	2. 87	2. 10
2010	5. 73	24. 44	52. 44	12. 05	2. 93	2. 41
2011	5. 47	26. 51	52. 97	9. 86	2. 54	2. 65
2012	5. 30	26. 07	53. 03	10. 01	2. 66	2. 93

资料来源：《中国农村统计年鉴》。

从表 3 - 8 中可看出，2004 ~ 2012 年，我国农村居民劳动力的文化程度有提高趋势，但提高非常缓慢，尤其是高中及以上文化程度的占比提高有限。同时还可看出，目前在我国农村居民劳动力中，初中文化程度占了大多数，而高中以上文化程度的占比仅为 15% 左右，这表明我国农村居民劳动力的文化程度总体上仍然偏低，这对于农村居民理解政府出台的农业支持政策的用意与目标，响应、贯彻、落实这些农业支持政策都构成了不小的挑战，同时也影响到这些农业支持政策最终目标的实现。

（三）政治法律环境

政治环境主要是指一个国家或地区的方针政策、政治倾向等对关于新型农业经营主体的支持政策的传导所产生的影响。2004 年，随着中央一号文件再次聚焦"三农"问题，国家和各级管理部门对"三农"问题越来越重视，先后出台了一系列支持"三农"发展，尤其是支持新型农业经营主体发展的政策，具体有农业补贴政策、农业投入政策、农业产业化经营龙头企业扶持政策、农业基础设施建设政策、农村基础设施建设政策、农业生态补贴和转移支付政策、农民专业合作社扶持政策、农村扶贫政策、农村社会保障政策、农业金融和农业保险政策等，并通过这些政策的出台、传导，全方位支持我国"三农"发展。并且，国家还会在每年年末召开中央农村工作会议，及时总结我国"三农"发展取得的成就及经验，查找我国"三农"发展中依然存在的突出问题，提出相应的解决对策，并对下一年度的"三农"发展做好规划。

以上这些方针政策以及政治倾向，为政府对新型农业经营主体的支持政策的传导提供了良好的政治环境，并通过对这些支持政策传导效果的及时跟踪，采取有效措施确保这些支持政策最终目标的实现。

法律环境要求我国任何一项政策的传导，都要在法律规定的范围内活动，因此法律环境对农业支持政策的传导也有影响，主要表现在：一是所有农业支持政策的传导，都要遵循相关法律法规的规定，不能逾越法律的红线；二是在农业支持政策传导的过程中要注意保护政策客体，如农民和农业企业的合法权益，坚决杜绝农业支持资金的挪用、滥用甚至是不向农民和农业企业全额发放的情况发生。

（四）自然环境

自然环境包括资源状况、生态环境、环境保护等方面。它们对关于新型农业经营主体的支持政策的传导起着制约性的影响，因为自然环境的破坏是不可弥补的。为此，在政府对新型农业经营主体的支持政策传导的过程中，绝不能因为这些支持政策的传导而破坏了自然环境。相反，应该通过支持政策的传导，起到保护自然环境的作用。如塑料薄膜和农药是我国农业生产过程中的两种投入品，但不合理、过量地使用塑料薄膜和农药不仅使我国农产品不符合绿色无污染的要求，从而无法扩大出口，而且还会对我国的自然环境产生不良影响。表 3 - 9 给出了 2004 ~ 2013 年我国农用塑料薄膜和农药的使用情况。

表 3 - 9　　　　　　2004 ~ 2013 年我国农用塑料薄膜和农药的使用情况　　　　单位：万吨

指标	2004年	2005年	2006年	2007年	2008年	2009年	2010年	2011年	2012年	2013年
农用塑料薄膜使用量	168	176.23	184.55	193.75	200.7	208	217.3	229.5	238.3	249.3
农药使用量	138.6	146	153.7	162.3	167.2	170.9	175.8	178.7	180.6	180.2

资料来源：《中国农村统计年鉴》。

从表 3 - 9 中可看出，2004 ~ 2013 年，我国对农用塑料薄膜和农药的使用呈逐年增长态势，这对于农村环境整治和新农村建设都构成了严峻挑战。因此，在政府对新型农业经营主体的支持政策传导的过程中要对农用塑料薄膜和农药的使用进行规范，确保农用塑料薄膜和农药的使用对自然环境的影响降到最低。

另外，在我国许多地方，由于种田的比较收益较低，大量的农村劳动力脱离农业外出打工，导致自家的耕地变成荒田。荒田的长期存在，不仅有可能破坏耕地资源的质量，还有可能因为田间长时间无人管理，导致形成许多的环境保护隐患。因此，政府对新型农业经营主体的支持政策的传导一定要注意保护好自然环境，做到与自然环境和谐相处。

（五）技术环境

这里的技术环境主要是指农业技术环境，可以用农业机械总动力、主要农业机械与设备的拥有量来反映农业技术的基本情况。图 3 - 1 给出了 2004～2013 年我国农业机械总动力的变化情况。

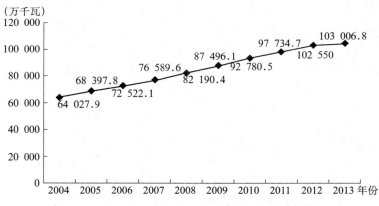

图 3 - 1　2004～2013 年我国农业机械总动力的变化情况

从图 3 - 1 中可看出，2004～2013 年，我国农业机械总动力保持了快速增长势头，由 2004 年的 64 027.9 万千瓦增加到 2013 年的 103 906.8 万千瓦，累计增加 39 878.9 万千瓦，累计增幅达 62.28%。这对于政府对新型农业经营主体的支持政策的传导以及传导效果的实现都是非常有利的。

2004～2013 年主要农业机械与设备的拥有量情况如表 3 - 10 所示。

从表 3 - 10 中可看出，2004～2013 年，我国主要农业机械与设备的拥有量总体上呈现增长的发展趋势。尤其是大中型拖拉机以及大中型拖拉机配套农具的增长更为迅速。这些对于我国现代农业发展以及提高农业劳动生产率，进而实现政府对新型农业经营主体的支持政策目标有重要作用。

表3—10　　**2004～2013 年主要农业机械与设备的拥有量情况**

农业机械设备	单位	2004 年	2005 年	2006 年	2007 年	2008 年	2009 年	2010 年	2011 年	2012 年	2013 年
大中型拖拉机	万台	111.9	139.6	171.8	206.3	299.5	351.6	392.2	440.6	485.2	527
小型拖拉机	万台	1 454.9	1 526.9	1 567.9	1 619.1	1 722.4	1 750.9	1 785.8	1 811.3	1 797.2	1 752.3
大中型拖拉机配套农具	万部	188.7	226.2	261.5	308.3	435.4	542.1	612.9	699	763.5	826.6
小型拖拉机配套农具	万部	2 309.7	2 465	2 626.6	2 733	2 794.5	2 880.6	2 992.5	3 062	3 080.6	3 049.2
农用排灌电动机	万台	883.5	921.5	1 006.1	1 036.5	1 086.4	1 134.8	1 176.2	1 213	1 248.8	934.7
农用排灌柴油机	万台	777.5	809.9	836.4	861.5	898.4	924.9	946.3	968.4	982.3	1259.4
联合收获机	万台	41.1	48	56.6	63.4	74.3	85.8	99.2	111.4	127.9	142.1
机动脱粒机	万台	914.7	926.2	965.6	987.3	963.1	987.9	1 016.8	1 001.9	1 042.3	1 007.6
机电井	万眼	472.8	476.3	463.1	468.4	443.9	450.8	458.2	464.9	483.2	4 676.1
节水灌溉类机械	万套	108.7	111.3	115.4	123.2	134.5	137.6	154.1	168.5	182.6	199.8
农用水泵	万台	1 640.3	1 719.4	1 834	1 894.2	1 979.4	2 040.6	2 108.8	2 173.8	2 211.5	2 206.8

资料来源：《中国农村统计年鉴》。

注：2013 年机电井包含含规模以下机电井，2013 年以前不包括。

第三节　政府对新型农业经营主体的支持政策传导机制构建

本节首先介绍政府对新型农业经营主体的支持政策传导机制的目标指向，分析政府对新型农业经营主体的支持政策传导系统；其次，说明政府对新型农业经营主体的支持政策传导过程；最后，在明确政府对新型农业经营主体的支持政策传导系统和传导过程的基础上，构建政府对新型农业经营主体的支持政策传导机制的基本框架。

一、政府对新型农业经营主体的支持政策传导机制的目标指向

政府对新型农业经营主体的支持政策传导机制的目标具体可分为操作目标、中间目标和最终目标三个层次。操作目标是最为细化、最为具体的目标；中间目标是通过操作目标的执行而实现的；最终目标是通过中间目标的执行而实现的。

（一）操作目标

操作目标是指宏观调控部门在实施调控过程中直接确定的目标和指标，或者是宏观调控部门直接对外公布的目标，如耕地资源的底线数值、农产品的生产量目标以及农产品的价格目标等。

1. 耕地资源的底线数值

随着城镇化和工业化进程的加快，我国优质耕地减少较多，后备耕地资源数量严重不足，正如中央农村工作领导小组副组长兼办公室主任陈锡文所说，当前中国土地产能缺口达到了 20%。为此，在中共中央、国务院公布的中央一号文件中多次强调要严守耕地保护红线，划定永久基本农田，严禁农用地非农化。2013 年 12 月召开的中央农村工作会议指出：耕地红线必须严防死守，18 亿亩耕地红线是必须要坚守的目标，同时要保持耕地面积的基本稳定。而且，国土资源部、农业部也采取重要措施，确保 18 亿亩耕地资源的红线不能逾越，以切实保证耕地资源数量不减少且耕地资源质量有所提高。

为此，政府对新型农业经营主体的支持政策在耕地资源方面的首要目标就是坚守 18 亿亩的耕地红线目标，并通过这些支持政策传导机制的运行，以确保这一目标的实现，为农业增产、农民增收奠定基础。

2. 农产品的生产量目标

农业是整个国民经济的基础，农产品的产量是整个社会得以存在和发展的重要前提。因此，确保农产品产量的稳定和增加，是国家制定和出台农业支持政策的重要目标。为此，从 2004 年以来，党和国家多次在中央一号文件中强调要千方百计增加农产品的产量、提高农产品的质量。以粮食产量为例，2004 年以来，我国粮食产量实现了"十二连增"，粮食总产量由 2004 年的 46 947 万吨增加到 2015 年的 62 144 万吨，累计增加了 15 197 万吨，累计增幅达到 32.37%。这对于确保我国粮食安全起到了积极作用。

但不可否认的是，在工业化、城镇化的快速推进下，我国耕地资源数量面临减少的严重威胁，且耕地资源质量有所下降，这对于实现我国农产品的产量目标显然是一种严重威胁。因此，政府通过对新型农业经营主体出台相应的支持政策，并通过这些支持政策传导机制的运行，积极实现农产品的生产量目标，为这些支持政策最终目标的实现奠定基础。

3. 农产品的价格目标

长期以来，由于工农业产品之间的价格"剪刀差"，使得农民的收入严重偏低，这大大降低了农民从事农业生产经营活动的积极性，既不利于农产品的增产，也不利于农民的增收，更不利于农业的可持续发展，最终将影响整个国民经济的持续健康发展。为此，我国在 2004 年出台了粮食最低收购价政策，以有效提升农民的生产积极性，促进农业增产和农民增收。

实践证明，粮食最低收购价政策在实施的最初几年，确实为农业增产和农民增收，起到了积极作用。但随着粮食生产成本的不断提高和粮食市场价格的严重偏低，最低收购价政策已不能有效维护农民的利益。为此，我国从 2014 年开始对新疆棉花、东北以及内蒙古大豆实行农产品目标价格试点，积极推行农产品目标价格制度，让市场在农产品价格形成中起主要作用，让农民根据市场需求来进行生产，以推进我国农业的持续、健康发展。

为此，政府通过对新型农业经营主体的支持政策在农产品价格方面的引导，积极调节农民的农业生产经营活动，并通过这些支持政策传导机制的运行，以实现政府制定的支持政策的最终目标。

（二）中间目标

中间目标是指宏观调控部门通过具体操作目标的实施，所能达到的目标。同时，中间目标与最终目标之间应有较高的相关性，能够比较好地反映农业支持政策的实施效果。因此，我们认为，可作为农业支持政策中间目标的变量主要有：农产品的播种面积、农产品的生产结构以及农民的收入等。

1. 农产品的播种面积

耕地资源的数量是政府对新型农业经营主体的支持政策传导机制的运行要实现的具体操作目标之一。这一操作目标的实现，可以为我国农产品播种面积的稳定和扩大奠定基础。表3-11给出了2004~2013年我国主要农产品的播种面积。

表3-11　　　　　　　　2004~2013年我国主要农产品的播种面积

单位：千公顷

年份	稻谷	小麦	玉米	大豆	棉花
2004	28 379	21 626	25 446	9 589	5 693
2005	28 847	22 793	26 358	9 591	5 062
2006	28 938	23 613	28 463	9 304	5 816
2007	28 919	23 721	29 478	8 754	5 926
2008	29 241	23 617	29 864	9 127	5 754
2009	29 627	24 291	31 183	9 190	4 952
2010	29 873	24 257	32 500	8 516	4 849
2011	30 057	24 270	33 542	7 889	5 038
2012	30 137	24 268	35 030	7 172	4 688
2013	30 312	24 117	36 318	6 791	4 346

资料来源：《中国农村统计年鉴》。

从表3-11中可看出，2004~2013年，我国稻谷、小麦、玉米的播种面积呈现出逐年增长的发展态势，这对我国农产品产量的增加、粮食安全以及农业经济发展都是非常有利的。但是，2004~2013年我国大豆、棉花的播种面积呈现出下降的发展态势，尤其是大豆的播种面积，下降速度更快，这对于我国农业经济发展产生了不利影响。说明我国农业支持政策在稳定农产品播种面积方面的目标并没有完全实现，这也是我国近年来成为美国大豆第一大进口国的主要原因。为此，通过政府对新型农业经营主体的支持政策传导机制的运行，力争扭转大豆、棉花播种面积下降的局面，积极实现这些支持政策在稳定农产品播种面积方面的目标。

2. 农产品的生产结构

农产品的生产结构，对于满足我国及世界其他国家居民多样化的农产品需求有重要作用，同时也直接关系到我国农业的持续健康发展。表3-12给出了2004~2013年我国主要农产品的产量情况。

表 3 – 12 2004～2013 年我国主要农产品的产量情况

单位：万吨

年份	稻谷	小麦	玉米	大豆	棉花
2004	17 908.8	9 195.2	13 028.7	1 740.1	632.4
2005	18 058.8	9 744.5	13 936.5	1 634.8	571.4
2006	18 171.8	10 846.6	15 160.3	1 507.4	753.3
2007	18 603.4	10 929.8	15 230	1 272.5	762.4
2008	19 189.6	11 246.4	16 591.4	1 554.2	749.2
2009	19 510.3	11 511.5	16 397.4	1 498.2	637.7
2010	19 576.1	11 518.1	17 724.5	1 508.3	596.1
2011	20 100.1	11 740.1	19 278.1	1 448.5	658.9
2012	20 423.6	12 102.4	20 561.4	1 305	683.6
2013	20 361.2	12 192.6	21 848.9	1 195.1	629.9

资料来源：《中国农村统计年鉴》。

从表 3 – 12 中可看出，2004～2013 年，我国稻谷、小麦、玉米的产量呈现出逐年增长的发展态势，出现这一结果的重要原因是稻谷、小麦、玉米的播种面积稳定增加，与之相反，大豆、棉花的产量呈现出减少的发展态势，造成这一局面的主要原因是大豆、棉花的播种面积逐年减少。

通过将表 3 – 11 和表 3 – 12 进行对比发现，没有一定的播种面积作基础，农产品的产量难以提高。因此，要实现政府对新型农业经营主体的支持政策传导机制运行在农产品产量和农产品生产结构方面的目标，必须从农产品的播种面积抓起。

3. 农民的收入

农民的收入直接影响到整个农业的经济增长，因此，提高农民收入对于政府农业支持政策最终目标的实现有重要作用。同时，通过农民收入的变化还可反映出政府对新型农业经营主体的支持政策传导机制设定的操作目标的实现程度。表 3 – 13 给出了 2004～2013 年我国农村居民人均纯收入及其构成的变化情况。

表 3 – 13 2004～2013 年我国农村居民人均纯收入及其构成的变化情况

单位：元

年份	工资性收入	家庭经营收入	财产性收入	转移性收入	人均纯收入合计
2004	998.5	1 745.8	76.6	115.5	2 936.4
2005	1 174.5	1 844.5	88.5	147.4	3 254.9
2006	1 374.8	1 931.0	100.5	180.8	3 587.0
2007	1 596.2	2 193.7	128.2	222.3	4 140.1
2008	1 853.7	2 435.6	148.1	323.2	4 760.6

年份	工资性收入	家庭经营收入	财产性收入	转移性收入	人均纯收入合计
2009	2 061.3	2 526.8	167.2	397.9	5 153.2
2010	2 431.1	2 832.8	202.2	452.9	5 919.0
2011	2 963.4	3 222.0	228.6	563.3	6 977.3
2012	3 447.5	3 533.4	249.1	686.7	7 916.6
2013	4 025.4	3 793.2	293.0	784.3	8 895.9

资料来源:《中国农村统计年鉴》。

从表 3－13 中可看出,我国农村居民人均纯收入具体是由工资性收入、家庭经营收入、财产性收入和转移性收入四部分组成。2004～2013 年,农村居民人均纯收入由 2 936.4 元增加到 8 895.9 元,累计增长 202.95%,年均增幅达到 13.11%。从其内部构成看,工资性收入和家庭经营收入是农村居民人均纯收入的主要组成部分,且到 2013 年时,工资性收入在农村居民人均纯收入中的占比已经超过家庭经营收入,成为农村居民人均纯收入的第一大组成部分,转移性收入和财产性收入在农村居民人均纯收入中所占比重相对较小,但均呈现出快速的增长势头。

(三) 最终目标

政府对新型农业经营主体的支持政策的最终目标是支持政策的核心。这些支持政策最终目标的确定,决定了这些支持政策的效果和国民经济发展的方向。因此,政府对新型农业经营主体的支持政策最终目标的选择,具有极其重要的作用,且政府对新型农业经营主体的支持政策的最终目标,应与国家宏观调控的目标相一致。国家宏观调控的主要目标有充分就业、物价稳定、经济增长和国际收支平衡。虽然政府对新型农业经营主体的支持政策的传导均可以促进以上目标的实现,但本书认为政府对新型农业经营主体的支持政策最终目标的确定不应面面俱到,而应该突出重点,提高效率。我们认为,根据当前国际国内经济形势,政府对新型农业经营主体的支持政策的最终目标应主要围绕物价稳定和经济增长这两大目标来展开。相应地,政府对新型农业经营主体的支持政策传导机制的运行,应以实现物价稳定和经济增长这两大目标为最终目标。

(1) 物价稳定。这里的物价稳定,主要是指农产品价格的基本稳定。在我国,由于农民普遍受教育程度不高,接受新鲜事物的能力不强,导致很多农民在从事农业生产活动时,基本都是自发而盲目的行为,很少有经过市场分析和预测而做出的理性选择,因而在我国农村经常出现农产品丰产不丰收和谷贱伤农的现

政府对新型农业经营主体的支持政策研究

象。导致这一现象频发的主要原因是大量的农民都盲目种植在上一年度价格较高的农产品后，使得本年度这一农产品的供给量大幅增加，但市场需求量却基本没有增加。根据供求规律，农产品价格必然会发生较大幅度的下跌，从而出现农民在农产品丰收的年头却不能带来收入的增加，反而是收入的减少，这严重挫伤了农民的生产经营积极性。因此，农产品价格只靠市场调节是远远不够的，还需要政府的干预。为此，政府对新型农业经营主体出台相应的支持政策，并通过这些支持政策传导机制的运行，以稳定农产品的销售价格，最终实现农业的持续健康发展，这对于整个国民经济的健康发展有着重要意义。

（2）经济增长。这里的经济增长，主要是指农业经济增长。农业是国民经济的基础，如果农业能保持持续健康快速增长，则有助于实现整个国民经济的良性发展。表 3-14 给出了 2004~2015 年我国农业经济增长率的变化情况。

表 3-14　　　　2004~2015 年我国第一产业增加值及增长率的变化情况

年份	第一产业增加值（亿元）	第一产业增加值增长率（%）	GDP 增长率（%）
2004	20 744	6.3	9.5
2005	22 718	5.2	9.9
2006	24 700	5.0	10.7
2007	28 910	3.7	11.4
2008	34 000	5.5	9.0
2009	35 477	4.2	8.7
2010	40 497	4.3	10.3
2011	47 712	4.5	9.2
2012	52 377	4.5	7.8
2013	56 957	4.0	7.7
2014	58 332	4.1	7.4
2015	60 863	3.9	6.9

资料来源：历年《中华人民共和国国民经济和社会发展统计公报》。

从表 3-14 中可以看出，2004~2015 年，我国第一产业增加值由 20 744 亿元增加到 60 863 亿元，累计增长了 40 119 亿元，从绝对水平看，我国农业经济保持了快速增长势头。但从相对水平看，我国农业经济增长的情况却不容乐观。2004~2015年，我国第一产业增加值增长率始终徘徊在 3.7%~6.3% 之间，没有一年超出 GDP 的增长率，表明农业经济降低了整个经济的增长速度。因此，要加快我国的经济发展步伐，实现全面小康社会的建设目标，必须从政策上加大对农业的支持力度，并通过政府对新型农业经营主体的支持政策传导机制的运行，确保农业经济得到快速发展，从而推动整个国民经济的健康发展。

二、政府对新型农业经营主体的支持政策传导系统

从系统论角度看，我们可以把从政府对新型农业经营主体的支持政策的制定、发布、细化、落实到完成一定政策目标时，一系列主体之间和媒介体之间的相互作用过程看成一个完整的系统，因此政府对新型农业经营主体的支持政策的传导机制实质上就是一类连续运动型的开放系统，称为政府对新型农业经营主体的支持政策的传导系统（见图 3-2）。我们首先必须弄清这一传导系统的组分以及系统结构，才能在此基础上构建政府对新型农业经营主体的支持政策传导机制的基本框架，阐述政府对新型农业经营主体的支持政策传导机制的运行原理。

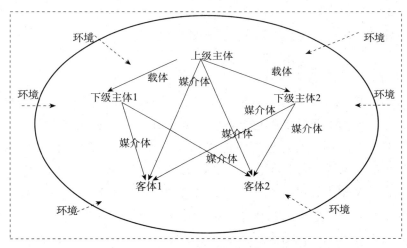

图 3-2　政府对新型农业经营主体的支持政策的传导系统

在政府对新型农业经营主体的支持政策的传导系统中，组分之间存在以下关系：第一，上下级主体之间通过政策文件、意见、通知等载体形式实现互动，同时下级主体根据本地农业经济实际情况，出台更为细化的农业支持政策文件；第二，政策主体和政策客体之间通过媒介体实现政策的传导；第三，环境是指影响农业支持政策传导的各种环境因素，具体包括经济环境、人口环境、政治法律环境、自然环境以及技术环境等。这些因素处处影响着农业支持政策传导系统的运行。从系统论角度看，政府对新型农业经营主体的支持政策的传导机制强调的是这些支持政策传导系统的动态性和复杂性。

三、政府对新型农业经营主体的支持政策传导过程

根据政府对新型农业经营主体的支持政策的传导系统，结合关于这些支持政

策传导状况的调研，我们可以将政府对新型农业经营主体的支持政策的传导过程划分为政策启动、政策细化、政策实施运行和政策评价四个阶段。

（一）政策启动阶段

首先，中央政府及国家发改委、国家农业部等中央管理部门根据国家宏观背景和长远规划制定纲领性的农业支持政策，并将这些农业支持政策以文件、法规、意见等形式发布给省级政府及省发改委、省农业厅等省级管理部门，要求他们细化执行。其次，省级政府及省发改委、省农业厅根据本省农业经济发展实际，制定符合本省发展需要的农业支持政策。接着省级政府及省发改委、省农业厅等省级部门将这些农业支持政策，发布给市、县、乡镇级政府和农业局（所）等下级主体细化执行，由此进入政策的细化阶段。

（二）政策细化阶段

各级地方政府以及发改委、农业部门等，接收到上级主体制定的农业支持政策后，首先学习、解释和领会农业支持政策精神，明确上级主体出台农业支持政策的目的和意图；其次根据当地国民经济和社会发展规划，如某省（市、县）"十三五"规划，农业和农村发展规划等，制定或调整本地区农业经济发展目标。在此基础上，结合本地区农业经济发展的实际情况，将上级主体发布的纲领性、指导性的农业支持政策具体细化为本地区可以操作执行的措施和细则，以满足本地区农业经济发展的需要，为农业支持政策在本地区的传导创造条件。

（三）政策实施运行阶段

这一阶段是农业支持政策能否取得成效的关键环节。在这一阶段，农业支持政策的作用客体，如宏观客体和微观客体，对农业支持政策的理解和反应程度，将直接决定着农业支持政策传导机制的运行效果。具体来说，农产品加工企业、城乡居民家庭等微观客体对农业支持政策的反应主要体现在农产品的生产、销售、加工以及需求和消费方面；而农业及相关产业对农业支持政策的反应则主要体现在是否按政策导向进行农业生产，进而为实现农业发展目标奠定基础，以及是否为农业生产提供各种便利。在农业支持政策传导机制的运行过程中，如果有哪个作用客体对公布的农业支持政策表示不拥护，则会形成农业支持政策传导机制运行的阻滞因素，从而影响整个农业支持政策传导机制的有效性。

（四）政策评价阶段

经过农业支持政策的实施运行阶段，政策作用客体的经济行为已经发生改变，农业经济活动的相关变量也已经发生变化，那么，这些变化是否与政府预先设定的调控目标相一致呢？因此，政府需要对农业支持政策传导机制运行的效果进行评价，具体可通过将农业支持政策施行前后的相关变量变化，政府制定的调控目标的实现程度，政府预期的调控效果的实现程度等进行分析，以评价本轮农业支持政策传导机制的运行效果，总结其中存在的问题，为下一轮农业支持政策传导机制的运行提供借鉴。

四、政府对新型农业经营主体的支持政策传导机制的基本框架

根据图3-2，我们可以得到政府对新型农业经营主体的支持政策传导机制是一类具有时空结构的动态复杂系统。具体来说，该支持政策传导系统的动态性主要是通过时间结构上媒介体的连续运动，进而带动系统组分之间的相互作用和频繁活动来体现的；该支持政策传导系统的复杂性主要是通过空间结构上各类主体、客体内部的层级与庞杂交互来体现的，且在各类主体和客体下面均有众多相互既独立又联系的成员，这些成员之间的影响网络是极其复杂的。

因此，从系统论的角度出发，将政府对新型农业经营主体的支持政策传导的各要素（包括主体、客体、工具以及环境等）之间的作用有机联系起来，并结合该支持政策传导过程的四个阶段，即可构建政府对新型农业经营主体的支持政策传导机制的基本框架，如图3-3所示。

根据图3-3，政府对新型农业经营主体的支持政策传导机制的运行原理为：第一，中央政府及管理部门根据国家或区域农业经济发展实际情况制定相应的农业支持政策，并预设一个该政策的调控效应期望点，然后通过一定的载体形式将其制定的农业支持政策传达给地方政府及管理部门。第二，地方政府收到中央政府制定的农业支持政策后，首先是学习领会中央政府制定的农业支持政策的文件精神，其次结合本地区农业经济发展实际情况，对中央政府的农业支持政策进行进一步的细化和"地方化"，出台更具操作性、适合本地区农业经济发展需要的地方性政策细则和办法等，并将这些地方性的政策细则和办法传达给政策客体（包括微观客体和宏观客体）。第三，两类客体接受地方政府制定的政策细则和办法，并按照政策细则和办法安排自身的生产经营活动，家庭型的微观客体和农产品加工企业往往对短期和长期的农业支持政策调控都比较敏感，而产业行业型

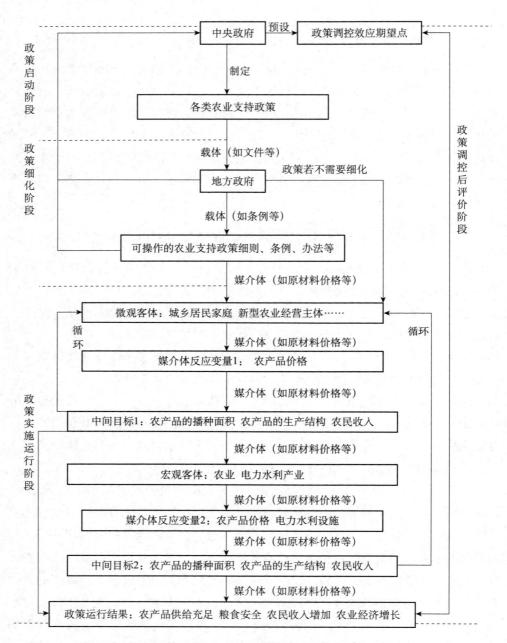

图 3 − 3　政府对新型农业经营主体的支持政策传导机制的基本框架

注：载体是指负载农业支持政策内容的实物形态，具体包括农业支持政策文件、法规、条例、办法、意见、通知等；媒介体是指衔接贯穿农业支持政策传导各环节的政策媒介物，主要是指原材料价格、土地、资本等。

的宏观客体，一般来说，则对长期的农业支持政策调控更为敏感。第四，地方性政策细则和办法对政策客体的影响，主要是通过"媒介体"来实现的。如地方性政策细则和办法的出台，首先对农业生产经营活动的"原材料价格"产生影响，其次"原材料价格"这个媒介体，就会对微观客体产生影响，使得农产品价格这个媒介体反应变量发生变化，进而促使农产品的播种面积、生产结构、农民收入等中间目标发生变化。因政策客体间的相互作用，如产业链的一体性、个体的"羊群效应"等，并受政治、经济、社会等环境的影响冲击，使得农产品价格引发的系列传导反应往复循环，中间目标变量不断叠加，即农业支持政策传导系统中的客体、媒介体、中间目标和它们之间的所有活动构成一个反馈子系统。第五，经过一定的预设时间，农业支持政策传导后的农业经济总量、农产品市场、农业产业结构、农业投资规模以及粮食产量等农业经济指标都会发生相应的变化，农业支持政策调控的效果开始显现。这时，中央政府将这些农业经济指标的实际变化与调控期望效应进行对比，以评价该轮政策调控的成败，并将其作为下一轮政策调整和调整改变的依据。

第四章　政府对新型农业经营主体的支持政策传导机制的运行模式与路径

在前文明确政府对新型农业经营主体的支持政策传导机制的预期目标与基本框架的基础上，本章分析政府对新型农业经营主体的支持政策传导机制的运行模式与运行路径，其中，政府对新型农业经营主体的支持政策传导机制的运行路径是分析重点，尤其是空间维度的支持政策传导机制运行路径，本章将运用博弈论和委托—代理理论来进行重点分析；最后探讨了政府对新型农业经营主体的农业支持政策传导机制运行中的信息反馈。

第一节　政府对新型农业经营主体的支持政策传导机制的运行模式

政府对新型农业经营主体的支持政策传导机制的运行模式，主要有行政命令型模式和市场引导型模式两种。本节首先分别介绍这两种模式，然后从区别和联系两个方面对这两种运行模式进行比较分析。

一、政府对新型农业经营主体的支持政策传导机制运行的行政命令型模式

政府对新型农业经营主体的支持政策传导机制运行的行政命令型模式是指国家农业部根据中央政府的要求制定支持政策的操作目标后，将支持政策以行政命令形式下达给省级农业管理部门。省级农业管理部门除了将少数支持政策直接传递给经济主体外，绝大多数支持政策将下达给地级农业管理部门，地级农业管理部门再以同样的方式将支持政策传达给县级农业管理部门，县级农业管理部门再将这些政策传达给相应的经济主体，并形成中间目标；经过经济主体的操作，形成一定的产出，最终将影响市场总供求关系，并实现支持政策的最终目标。具体的运行模式如图 4-1 所示。

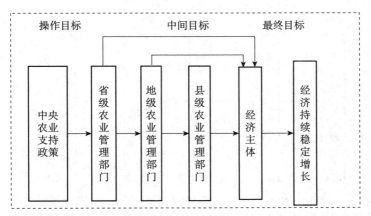

图 4 - 1　政府对新型农业经营主体的支持政策传导机制运行的行政命令型模式

从图 4 - 1 可看出，政府对新型农业经营主体的支持政策传导机制的行政命令型的运行模式是基于国家的垂直管理系统来实现的，这就要求下一级政策主体必须坚决贯彻上一级主体的政策决策和指示。如果出现下一级政策主体抵制或变相执行上一级政策主体的政策指示，则行政命令型的运行模式很难得到实现。因此行政命令型的运行模式比较适合中央集权制的国家。在我国也有着较为广泛的应用。

二、政府对新型农业经营主体的支持政策传导机制运行的市场引导型模式

政府对新型农业经营主体的支持政策传导机制运行的市场引导型模式是指中央农业管理部门（国家农业部）根据中央政府的要求制定农业支持政策的操作目标后，直接作用于农产品市场，进而引起农产品市场供求关系和农产品价格等变量的变化，在农产品市场机制的作用下，农产品价格、农产品供求关系等市场信号促使农产品生产经营单位、个人等经济主体按照利润最大化原则，改变自己的经营决策，同时这些经济主体根据变化了的价格信号和供求关系来调整自己的投资和消费决策，从而影响总供求，最终实现支持政策的最终目标。政府对新型农业经营主体的支持政策传导机制运行的市场引导型模式如图4 - 2 所示。

从图 4 - 2 中可看出，市场引导型的运行模式主要是通过市场信号的有序传递来实现的。因此，该运行模式对一国的市场发育程度要求较高。

政府对新型农业经营主体的支持政策传导机制运行的市场引导型模式的特点有：一是适用面广，无论是中央集权的国家，还是分权的国家都可以采用；二是

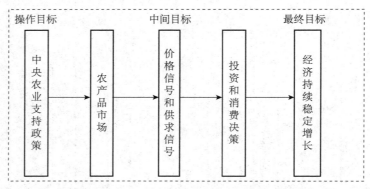

图 4 - 2   政府对新型农业经营主体的支持政策传导机制运行的市场引导型模式

对农产品市场的发育程度和市场机制的完善程度要求较高；三是要求经济主体对农产品市场发出的价格信号和供求信号的反应速度要快，如果经济主体的反应较慢，甚至没有反应，将会使支持政策产生时滞，甚至失效；四是该模式相对于行政命令型的运行模式来说，自我调节能力较强，因而对经济运行的冲击相对较小，可以长期使用。

三、政府对新型农业经营主体的支持政策传导机制两种运行模式的比较

政府对新型农业经营主体的支持政策传导机制运行的两种模式，可以从区别和联系两个方面来进行分析。

1. 政府对新型农业经营主体的支持政策传导机制两种运行模式的区别

政府对新型农业经营主体的支持政策传导机制两种运行模式的区别可以从适用面、对市场发育的要求、经济主体的反应、自我调节能力、对经济运行的冲击等方面来进行比较分析，如表 4 - 1 所示。

表 4 - 1 　　　　政府对新型农业经营主体的支持政策传导机制的
行政命令型模式与市场引导型模式的区别

项目	支持政策传导机制	
	行政命令型模式	市场引导型模式
适用面	窄	宽
对市场发育的要求	较低	较高
对经济主体反应的要求	较低	较高
自我调节能力	较弱	较强
对经济运行的冲击	大	小

从表 4 - 1 可看出，行政命令型模式和市场引导型模式的区别主要体现在以

下五个方面。

（1）在适用面方面，行政命令型模式对一个国家权力的集中度有很高的要求，只有中央集权制的国家才比较适合运用这种模式，因此，行政命令型模式的适用面较窄；而市场引导型模式主要是建立在一国市场发育程度较高和市场体系健全的基础上，随着全球经济一体化和市场体系的逐步完善，市场引导型模式将会被更多地运用，因此，市场引导型模式的适用面较宽。

（2）在对市场发育的要求方面，由于行政命令型模式主要依靠行政权力来实现，因此对市场发育的要求相对较低；而市场引导型模式是以健全的市场体系为基础的，因此对市场发育的要求相对较高。

（3）在对经济主体反应的要求方面，市场引导型模式要求经济主体对市场的变化以及市场信号的传递，反应要非常迅速，这样才能抓住市场机会，为实现支持政策的最终目标奠定基础；相比而言，行政命令型模式主要依靠行政权力来运行，因而要求经济主体在对市场信号的反应方面，要求相对较低。

（4）在自我调节能力方面，由于市场引导型模式主要依靠市场信号来推进，因而自我调节能力较强；而行政命令型模式主要依靠行政权力来实现，因而弹性较小，自我调节能力较弱。

（5）在对经济运行的冲击方面，由于市场引导型模式的自我调节能力较强，因而对经济运行的冲击较小；而行政命令型模式由于自我调节能力较弱，因而对经济运行的冲击较大。

2. 政府对新型农业经营主体的支持政策传导机制两种运行模式的联系

政府对新型农业经营主体的支持政策传导机制的行政命令型模式和市场引导型模式之间的联系，主要是通过这两种运行模式之间的共同点来反映。经分析，这两种运行模式之间的共同点主要有以下几点。

（1）两类模式的起点和终点相同。不管是行政命令型模式，还是市场引导型模式，运行的起点都是从支持政策的操作目标开始，通过操作目标引起中间目标的变化，进而促进最终目标的实现。因此，这两种运行模式运行的终点都是要实现支持政策的最终目标。

（2）两类模式互为补充，共同促进支持政策传导机制的运行。无论是中央集权制的国家，还是市场发育程度较高的国家，在支持政策传导机制运行过程中，都不能只依靠一种运行模式，而是要将两种运行模式结合起来，发挥每一种运行模式的优势，才能有利于支持政策传导机制的运行，实现农业支持政策的最终目标。

第二节　政府对新型农业经营主体的支持政策传导机制的运行路径

关于政府对新型农业经营主体的支持政策传导机制的运行路径，我们可以从空间和时间两个维度来分析和说明。其中，在介绍空间维度的支持政策传导机制运行路径时，运用完全信息动态博弈分析中央政府和地方政府之间的利益博弈，然后基于道德风险模型重点分析针对地方政府的行动偏离，中央政府可采取怎样的应对策略。在介绍时间维度的支持政策传导机制运行路径时，重点分析支持政策如何自主地"运行"。最后，从区别和联系两个方面对两个维度的运行路径进行对比分析。

一、基于空间维度的支持政策传导机制运行路径

（一）运行流程

基于空间维度的支持政策传导机制运行路径是指政策在经过各类上下级政策主体间的纵向传导后，最终传导给政策作用对象的过程来说明的，具体的运行路径如图4－3所示。

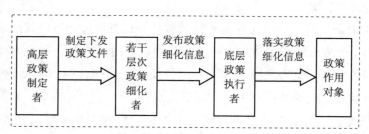

图4－3　基于空间维度的支持政策传导机制运行路径

从图4－3中可看出，基于空间维度的支持政策传导机制运行路径具体的运行流程为：首先，由高层政府部门根据农业经济形势的发展变化，并基于一定的政策目标考虑，制定、发布相应的农业支持政策，并将政策文件下发给下级政府部门；其次，下级政府部门一旦接收到这些政策文件后，应立即组织学习和讨论，领会政策精神，明确政策目的，在此基础上，结合本地区农业经济发展的实际情况，将上级政府部门制定的农业支持政策进行分解，并出台更为细化、能促进农业支持政策有效实施的政策细则信息，如果该级政府部门还管辖更低层级的

政府部门，更低层级政府部门在领会学习上一级政府部门制定的政策文件后，还要进行政策的分解和细化；再次，由底层政府及相关部门人员将适合本地发展情况的农业支持政策细则信息传达给政策作用对象；最后，由城乡居民家庭、农产品加工企业、电力水利产业等政策作用对象接受这些政策细则信息，并按照政策细则信息的指示改变自身的投资和消费决策，为支持政策传导机制运行效果的实现奠定基础。

由此可看出，基于空间维度的支持政策传导机制运行路径主要是依靠行政权力来实现的，因而这种运行路径侧重的是支持政策被动的"操作"。

（二）运行过程中中央政府和地方政府的利益博弈分析

在政府对新型农业经营主体的支持政策传导机制运行过程中，由于地方政府和中央政府的期望目标并不完全一致，导致地方政府并不一定完全按照中央政府的指示传导农业支持政策，地方政府有时是在保留、支离、敷衍地执行中央政府下达的政策条文，即会出现地方政府执行中央政府政策行动时的偏差行为。这些偏差归纳起来有以下五种表现：一是利用附加不合理条款为上级制定的政策强行增添新目标，从而形成"政策附加"；二是对上级主体制定的政策搞阳奉阴违的"政策替代"；三是不执行原本完整的上级政策条文，而是从原本完整的上级政策条文中选择部分内容使其残缺不全，然后执行残缺不全的"政策残缺"；四是使政策执行浮于表面和流于形式的"政策敷衍"；五是隐瞒不贯彻损害地方既得利益的"政策截留"（周国雄，2007）[1]。

那么，地方政府在传导中央政府政策过程中，会不会发生政策执行的偏差行为？什么情况下会发生政策执行的偏差行为？面对地方政府可能会出现的偏差行为，中央政府应该怎么办？相关学者进行了分析研究。宋艳林（2007）指出，在与中央政府的博弈中，地方政府采取不响应行动符合其效用最大化的目标[2]。李细建（2009）指出，长期内地方政府是否选择"遵纪守法"，取决于其守法与违规的得益比较[3]。唐在富（2007）指出，中央政府可采用适当的博弈策略，以应

———————

① 周国雄：《地方政府政策执行主观偏差行为的博弈分析》，载于《社会科学》2007年第8期，第73~79页。

② 宋艳林：《我国土地市场发育的三方博弈分析》，载于《生产力研究》2007年第3期，第61~63页。

③ 李细建、廖进球：《有限理性视角下的地方政府行为分析》，载于《社会科学家》2009年第10期，第44~48页。

对地方政府的欺骗行为①。

因此，在相关学者研究的基础上，我们运用博弈论的知识，对中央政府和地方政府在关于新型农业经营主体的支持政策传导过程中的利益博弈行为进行分析。

在中央政府和地方政府的利益博弈活动中，参与人有两个，一个是中央政府，另一个是地方政府，同时参与人双方都追求自身效用的最大化。在策略选择方面，为使问题简化，我们给出地方政府的策略选择只有严格执行（O）和变通执行（V）中央政府发布的农业支持政策两种。相应地，中央政府的策略选择也只有监督查处（S）和不监督查处（NS）两种。R_l 表示地方政府选择严格执行中央政府政策时，所能获得的收益，S_l 表示地方政府选择变通执行中央政府政策时，所能获得的收益。R_c 表示因地方政府选择严格执行中央政府政策而给中央政府带来的收益，S_c 表示因地方政府选择变通执行中央政府政策而给中央政府带来的收益（可能为负）。同时，针对地方政府的行动，中央政府可能会作出监督查处的策略选择，但中央政府在实施监督查处的活动过程中会付出一定的成本，用 J_c 表示，对地方政府来说，如果采取的是变通执行的行动，当这种行动一旦被中央政府查处时，需要缴纳一定的惩罚费用，用 F_l 表示，而这笔惩罚费用可以看作是从地方政府到中央政府的收入转移。这样，中央政府和地方政府博弈的收益矩阵可用图 4 - 4 表示。

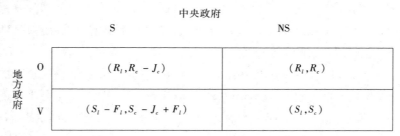

图 4 - 4　中央政府和地方政府博弈的收益矩阵

在这个利益博弈过程中，地方政府先作出策略选择，然后中央政府再作出策略选择。若地方政府选择的是严格执行中央政府政策，则中央政府选择不监督查处是最好的策略选择。但问题是在政策传导过程中，少数地方政府可能基于地方利益，甚至是官员自身利益的考虑，作出变通执行中央政府政策的策略选择，即出现主观偏差行为。在这种情况下，为维护自身利益，中央政府就需在"监督查

① 唐在富：《中央政府与地方政府在土地调控中的博弈分析》，载于《当代财经》2007 年第 8 期，第 24 ~ 29 页。

处"和"不监督查处"两个策略中进行选择，共有两种策略选择结果。第一种结果，若选择"监督查处"获得的预期利益比选择"不监督查处"获得的预期利益大，即 $S_c - J_c + F_l > S_c$，则中央政府就会作出"监督查处"的策略选择；第二种结果，当 $S_c - J_c + F_l < S_c$，中央政府就会作出"不监督查处"的策略选择。

第二种结果表明，在本次博弈的过程中，中央政府选择"不监督查处"的策略是最优的。但问题是中央政府和地方政府之间的政策博弈是一种长期活动，远不止只进行一次。从长期来看，地方政府变通执行中央政府农业支持政策的活动，将会给中央政府带来更大、更多的损失。这些损失表现在：不仅会使中央政府越来越远离自身的预期利益目标，而且还会大大降低中央政府的权威性，甚至出现地方政府不服从中央政府管理的情况。

因此，在综合考虑利弊得失后，中央政府必然会作出"监督查处"的策略选择。同时，为了使地方政府更有效、更自觉地传导中央政府发布的农业支持政策，中央政府一般会在事前说明政策传导要求，并对违反这些传导要求的地方政府给予相应的惩戒措施。在这一过程中，中央政府的"惩戒宣示"就是一种"承诺行动"[①]。而且，这一"承诺行动"的可信度随中央政府所付出成本的提高而提高。当"承诺行动"的可信度越来越高时，地方政府就会考虑遭受中央政府惩戒时的严重后果，从而约束自身的行为，选择有利于实现中央政府预期目标的策略行动。当然，地方政府最终是作出严格执行的策略选择，还是作出变通执行的策略选择，还是要取决于这两种策略预期收益的大小，即如果 $R_l > S_l - F_l$，地方政府会选择严格执行的策略；反之，当 $R_l > S_l - F_l$，地方政府会选择变通执行的策略。

从以上分析可看出，中央政府基于维护自身权威以及利益实现的需要，一般会采取相应的惩戒措施来应对地方政府变通执行政策的策略行动。因此，在完全信息动态博弈情况下，中央政府和地方政府之间的博弈活动有两种子博弈精炼纳什均衡：第一种是地方政府在面对中央政府的政策时，作出严格执行的策略行动，相应地，中央政府作出"不监督查处"的策略行动；第二种是地方政府在作出变通执行的策略行动后，中央政府作出"监督查处"的策略行动。

（三）运行难点

根据上述分析，基于空间维度的支持政策传导机制运行路径的实现很大程度

---

① "承诺行动"是动态博弈中的重要概念，具体是指后行动的参与者为了"逼迫"先行动的参与者选择有利于自己的特定策略，而使自己的威胁战略变得可置信的行动。

上需要依靠行政权力的强制力。但问题是当中央政府将关于新型农业经营主体的支持政策传达给地方政府后，地方政府面对这些农业支持政策会采取怎样的行动，这些行动是不是正好与中央政府的意愿相一致，对于这些问题中央政府就不是非常清楚。也就是说，在关于新型农业经营主体的支持政策传导过程中，存在着信息不对称问题，进而会出现道德风险问题，即地方政府在利用农业支持政策使其效用最大化的同时，损害中央政府利益的行为，但地方政府并不承担他们行为的全部后果的现象。因此，基于空间维度的支持政策传导机制运行的难点在于如何让地方政府"原汁原味"地贯彻落实中央政府制定的支持政策，以有利于支持政策进一步向下传导，最终实现支持政策目标。

但根据在关于新型农业经营主体的支持政策传导机制运行过程中，中央政府和地方政府之间的利益博弈分析，我们发现地方政府有可能作出偏离中央政府期望的策略行动，从而损害中央政府的利益。显然，对于中央政府来说，非常不愿意看到这种情况的发生。因为这样做一方面会损害中央政府的利益，另一方面也会对支持政策传导机制的有效运行乃至运行效果产生不利影响。因此，中央政府必然会采取相应的措施，以最大限度地减少地方政府有偏差执行政策的行动发生。具体来说，中央政府可采取相应的问责机制和惩罚措施去遏制地方政府的这种行为。那么，应该采取怎样的问责机制，后文基于道德风险模型进行探讨和分析。

关于新型农业经营主体的支持政策在中央政府与地方政府之间的传导可视为一类委托—代理问题。具体来说，中央政府在其中扮演委托人的角色，地方政府在其中扮演代理人的角色，委托代理物是关于新型农业经营主体的支持政策的传导。而道德风险模型属于委托—代理理论中的一种基本模型，前文已经对隐藏行动的道德风险模型进行了详细分析。这里基于道德风险模型的基本原理，分析中央政府应该运用什么样的问责机制，才能遏制地方政府有偏差执行政策行为的发生。

1. 模型假设和基本参数设置

H_1：中央政府（委托人）是风险中性者，而地方政府（代理人）是不变的绝对风险规避者。

H_2：地方政府操作关于新型农业经营主体的支持政策的行动结果可以用当地的农业增加值以及财政收入等经济指标来反映。

H_3：地方政府"偏差"执行中央政府政策的行动，可使地方政府在短期内获得正的产出，且产出的大小与"偏差"程度呈同方向变化。

H_4：作为委托人的中央政府和作为代理人的地方政府的所有活动都可以折算成货币单位计量。

H_5：地方政府关于新型农业经营主体的支持政策的执行活动、执行结果和中央政府面对地方政府的行动而采取相应的行动都是瞬时完成的，不考虑时滞效应，也不考虑地方政府间的竞争。

假定 α 是地方政府在面对中央政府的农业支持政策时选择的一个策略行动，从理论上说 α 属于一维的连续型随机变量，A 为地方政府在面对中央政府制定的农业支持政策时可以选择的所有策略集，这些策略在完全不执行到完全执行之间变化，因此有：$\alpha \in A$。

根据 H_3，如果 α 代表完全不执行的策略，则地方政府可获得最高的短期投机产出，反之，如果 α 代表完全执行的策略，则地方政府获得的产出水平最低，即只能获得最基本的保留产出。因此，地方政府可获得的产出水平随 α 的不同而有所不同，产出水平是 α 的函数，记为 $x(\alpha)$，由于 α 是连续型变量，因此 x 也是连续型随机变量，其概率密度函数为 $f(x)$，分布函数为 $F(x)$。

根据 H_2 和 H_3，可设 $x' > 0$ 且 $x'' < 0$，也就是说 x 是关于 α 的严格递增凹函数。这样的函数关系表明地方政府的行动越是不严格执行中央政府下达的政策，即地方政府的执行偏差越大，则地方政府可以获得的经济产出就越大，但由于该函数的二阶导数小于零，则说明违背中央政府政策意愿所能换取的边际产出率递减。

同时，中央政府可以观测地方政府的行动，并根据地方政府的行动来采取相应的行动。假设 θ 是代表中央政府观测到 x 后对地方政府的行动 α 作出的反应。也为一维的连续型随机变量，如果 ϑ 表示中央政府的所有反应集，则该反应集是在完全忽视不查处到全力查处之间变化，因而有 $\theta \in \vartheta$，同样 θ 也是关于 x 的函数，记为 $\theta(x)$。根据模型假设条件，同样有：$\theta' > 0$ 且 $\theta'' < 0$，表明随着可观测的地方政府的产出结果 x 的不断增大，中央政府所作出的反应 θ 就越强烈，但由于该函数的二阶导数同样小于零，表明中央政府的反应强度越来越弱。

2. 委托人和代理人的效用函数及基本模型建立

根据以上分析，作为代理人的地方政府采取行动 α 的净收益取决于三方面力量的对比：一是地方政府采取行动 α 带来的短期收益 $x(\alpha)$；二是地方政府采取行动 α 获取短期收益 $x(\alpha)$ 时需要发生的投入 $i(\alpha)$；三是中央政府观测到 $x(\alpha)$ 后作出的反应 θ，并对地方政府开出的惩罚费用 $T[\theta(x)]$。于是作为代理人的地方政府采取行动 α 的净收益可以表示为：

$$\omega(\alpha,\theta) = x(\alpha) - i(\alpha) - T[\theta(x)] \tag{4.1}$$

由地方政府的净收益函数 (4.1)，可得地方政府的效用函数为 $u(\omega)$。根据 H_1 可知作为代理人的地方政府具有阿罗—普拉特意义上的不变绝对风险倾向，则其效用函数的具体表达式为：

$$u(\omega) = -e^{\rho\bar{\omega}} \tag{4.2}$$

其中，ρ 为绝对风险规避系数，且该系数的值大于零。

同样，我们可以得到作为委托人的中央政府在观测到地方政府行动 α 后作出反应 θ 后的净收益为：

$$\pi(x,\theta) = [R_0 - kgx(\alpha)] + T[\theta(x)] - C[\theta(x)] \tag{4.3}$$

其中，R_0 表示中央政府制定的农业支持政策在传导过程中不受地方政府阻滞时，所能获得的理想调控收益；k 为中央政府获取政策调控收益时的折扣系数，该系数受地方政府行动 α 及获得的产出 x 的影响，由 H_2、H_3、H_4 可知，地方政府的产出 x 每增加一个单位，中央政府的调控收益就减少 k 个单位，$T[\theta(x)]$ 为中央政府观测到地方政府采取行动 α 并获取相应的产出 x 时，向地方政府收取的惩罚费用，这部分费用对中央政府来说是一种收入；$C[\theta(x)]$ 为中央政府观测到地方政府采取行动 α 后，中央政策采取相应行动的成本，如在进行监督、调查、核实、查处等活动过程中所发生的人力、物力、财力支出。

由中央政府的净收益函数，可得中央政府的效用函数为 $v(\pi)$，根据 H_1，中央政府为风险中性的，则其期望效用等于期望收益，即 $E[v(\pi)] = E(\pi)$。

根据上述结果，我们可建立以中央政府为主导的农业支持政策调控两级主体优化模型：

中央政府的期望效用为：

$$\max_{\alpha,T(\theta)} \int \{[R_0 - k \cdot x(\alpha)] + T[\theta(x)] - C[\theta(x)]\}f(x)dx \tag{4.4}$$

地方政府的两个约束是：

(1)
$$\int \{x(\alpha) - i(\alpha) - T[\theta(x)]\}f(x)dx \geqslant \bar{u} \tag{4.5}$$

(2)
$$\int \{x(\alpha) - i(\alpha) - T[\theta(x)]\}f(x)dx \geqslant$$

$$\int \{x(\alpha') - i(\alpha') - T[\theta'(x)]\}f(x)dx \tag{4.6}$$

其中，$\alpha' \in A$，$\bar{u}$ 为地方政府的保留效用。第一个约束称为地方政府（代理人）的参与约束，记为 PX，表示当且仅当地方政府获得的期望效用大于其保留效用时，地方政府才有可能采取行动；第二个约束称为地方政府（代理人）的激励相容约束，记为 IC ，只有行动 a 的期望效用大于 a' 的期望效用时，才能激励地方政府（代理人）采取行动 a 。

由于 $T[\theta(x)]$ 对地方政府来说，是其不按中央政府意愿采取行动时遭受中央政府惩罚的费用，但这笔惩罚费用对中央政府来说却是收益，因此，$T[\theta(x)]$ 可看作是中央政府在面对地方政府失责（即不按中央政府意愿行动）时实施的问责机制，只要 $T[\theta(x)]$ 这笔惩罚费用可以让地方政府不再失责，则这样的问责机制就是成功的。那么，中央政府应该怎样设计一份问责机制 $T[\theta(x)]$ ，才能使地方政府的行动符合上级主体的意愿，下面进行具体分析。

为使问题分析简化，假设 $\theta = x = \alpha + \xi$ ，其中 ξ 是服从正态分布的随机变量，且 $E(\xi) = 0$ ，$Var(\xi) = \sigma^2$ 。中央政府对地方政府的监督检查成本的表达式记为：$C[\theta(x)] = c_0 + dx$ ，其中，c_0 为基础成本，d 为中央政府监督查处成本系数，因此有 $0 < d < 1$ ，并且该系数与地方政府在传导中央政府制定的农业支持政策时所发生的失责程度有关，失责程度越严重，该系数的值越大。

为分析问题方便，这里只考虑线性问责制度，其函数形式为 $T[\theta(x)] = t + hx$ 。其中，t 表示一旦中央政府向地方政府问责，地方政府需要缴纳罚款的最小额，h 代表问责系数，该系数的取值范围也是介于 0 与 1 之间，该系数值的大小，与地方政府的失责程度有关，地方政府失责越严重，则该系数的值越大。

设地方政府采取行动 α 获得产出 x 时所需发生的投入函数为：$i(\alpha) = l\alpha^2/2$ ，其中 l 为投入系数，这样，地方政府获得的净收益函数变为：

$$\begin{aligned}
\omega(\alpha, \theta) &= x(\alpha) - i(\alpha) - T[\theta(x)] \\
&= \alpha + \xi - l\alpha^2/2 - t - h(\alpha + \xi) \\
&= (1 - h)\alpha - t + (1 - h)\xi - l\alpha^2/2 \qquad (4.7)
\end{aligned}$$

地方政府的期望收益为 $E_\omega = (1 - h)\alpha - t - l\alpha^2/2$ ，期望效用为 $E_{u(\omega)} = E(-e^{-\rho\omega})$ 。根据公式 $u(y) = E_{u(w)}$ ，可推导出确定性等价收入：

$$y_{CE} = (1 - h)\alpha - t - l\alpha^2/2 - \rho(1 - h)^2\sigma^2/2 \qquad (4.8)$$

则

$$y_{CE} - E_w = -\rho(1 - h)^2\sigma^2/2$$

因此，$\rho(1 - h)^2\sigma^2/2$ 为地方政府规避风险所需要付出的代价。

这样，地方政府的参与约束可表示为：

$$E_{u(w)} = (1 - h)\alpha - t - l\alpha^2/2 - \rho(1 - h)^2\sigma^2/2 \geqslant \bar{u} \qquad (4.9)$$

又因 $E_{u(w)}$ 是关于 α 的二次齐线性函数，则 $1 - h > 0$ ，要使 $\forall \alpha' \in A$ ，$E_{u(w)} \mid_\alpha = E_{u(w')} \mid_\alpha$ ，即激励约束相容成立，只需要：

$$\frac{d}{da}\big[E_{u(w)}\big] = \frac{d}{da}\big[(1-h)\alpha - t - l\alpha^2/2 - \rho(1-h)^2\sigma^2/2\big]$$

$$= (1-h) - l\alpha = 0 \tag{4.10}$$

则可得：$\alpha = \dfrac{1-h}{l}$。

因此，地方政府的激励相容约束为：$\alpha = \dfrac{1-h}{l}$。

对中央政府来说，这里先将中央政府做出反应 θ 时的净收益函数变化为：

$$\pi = \big[R_0 - k \cdot x(\alpha)\big] + T\big[\theta(x)\big] - C\big[\theta(x)\big]$$

$$= (R_0 + t - c_0) + (h - k - d)\alpha + (h - k - d)\xi \tag{4.11}$$

由于中央政府是风险中性的，则中央政府的期望效用等于其期望收入或确定性等价收入，因此有：

$$E\big[v(\pi)\big] = E(\pi) = (R_0 + t - c_0) + (h - k - d)\alpha \tag{4.12}$$

这样，以中央政府为主导的关于新型农业经营主体的支持政策调控两级主体优化模型就可转化为：

中央政府的期望效用为：

$$\max_{\alpha, T(\theta)} E\big[v(\pi)\big] = \max_{t, h, \alpha}(R_0 + t - c_0) + (h - k - d)\alpha \tag{4.13}$$

地方政府的两个约束为：

$$(PC) \qquad (1-h)\alpha - t - l\alpha^2/2 - \rho(1-h)^2\sigma^2/2 \geqslant \bar{u}$$

$$(PC) \qquad \alpha = \frac{1-h}{l}$$

在 (PC) 中，令 $(1-h)\alpha - t - l\alpha^2/2 - \rho(1-h)^2\sigma^2/2 = \bar{u}$，可得：

$$t = (1-h)\alpha - l\alpha^2/2 - \rho(1-h)^2\sigma^2/2 - u$$

将这两个约束中的 t 及 α 的表达式代入中央政府的期望效用中：

$$\max_{\alpha, T(\theta)} E\big[v(\pi)\big] = \max_{t, h, \alpha}(R_0 + t - c_0) + (h - k - d)\alpha$$

$$= \max_{h}(R_0 - c_0) + \Big[(1-h)\frac{1-h}{l} - \frac{l}{2} \cdot \Big(\frac{1-h}{l}\Big)^2 - \rho(1-h)^2\sigma^2/2$$

$$- \bar{u}\Big] + (h - k - d)\frac{1-h}{l} \tag{4.14}$$

从而可得一阶条件为：

$$\rho(h-1)\sigma^2 + \frac{h - k - d}{l} = 0 \tag{4.15}$$

即可解得：

$$h^* = \frac{\rho\sigma^2 l + k + d}{1 + \rho\sigma^2 l} \tag{4.16}$$

$$t^* = \frac{1 - \rho\sigma^2}{l} \cdot \left(1 - \frac{\rho\sigma^2 l + k + d}{1 + \rho\sigma^2 l}\right)^2 \Big/ 2 - \bar{u} \tag{4.17}$$

因此，可以得到在关于新型农业经营主体的支持政策调控中中央政府针对地方政府失责行为的最优线性问责机制为：

$$T^*[\theta(x)] = t^* + h^* x \tag{4.18}$$

（4.18）式表明，只要能够得到模型中 t^* 及 h^* 表达式中各项参数数值，就可以在本书研究所设定的理想条件下对关于新型农业经营主体的支持政策传导过程中地方政府的失责行为进行问责，以维护中央政府权威。

从 h^* 的表达式可以得到，模型中所设计的问责系数 h 与中央政府对农业支持政策传导的监督查处成本系数 d、中央政府政策调控效果折扣系数 k 以及地方政府执行农业支持政策时的产出投入系数 l、地方政府绝对风险规避系数 ρ 以及地方政府所在地经济产出方差 σ^2 等参数有关，同时还可得到 $\partial h/\partial k > 0$ 和 $\partial h/\partial d > 0$，表明当地方政府在传导农业支持政策的过程中，随着地方政府失责行为的加重，短期内可能会带来地方政府所在地 GDP 以及财政收入的较快增长，但由于地方政府对农业支持政策的传导，与中央政府的农业支持政策调控宗旨要么阳奉阴违，要么背道而驰，严重影响了农业支持政策调控效应的发挥，这一结果必然也会导致中央政府对地方政府在农业支持政策传导过程中失责行为不满程度的加深，从而使得中央政府针对地方政府的失责行为，作出加大查处力度和增加监督检查投入的策略选择，以规范农业支持政策的传导。如国家近年来加大了对农业支持政策传导的查处力度，并对相关责任人进行了处理，以规范农业支持政策的传导。

由于 $0 < h < 1$，于是有 $k + d < 1$。在此基础上可得出：

$$\partial h/\partial(\rho\sigma^2 l) > 0, \partial h/\partial\rho > 0, \partial h/\partial\sigma^2 > 0, \partial h/\partial l > 0 \tag{4.19}$$

这表明，如果地方政府对风险越规避，地方政府做出农业支持政策响应行为时的经济产出方差越大，即地方政府传导任一农业支持政策后果的不确定性越大；以及地方政府响应中央政府农业支持政策的投入系数越大，则地方政府在中央政府农业支持政策调控过程中一旦采取了失责行为后被问责的后果就越严重，其边际失责风险代价越大，从而减少地方政府因政策传导失责而获得的收益。这一结果有助于降低地方政府在传导农业支持政策时作出"偏离"执行策略行动的动机，从而约束地方政府传导农业支持政策时的失责行为。这说明如果从制度环境方面提高地方政府因在传导农业支持政策过程中发生的失责行为所要付出的代价，并加大对违者的处罚力度，一定可以使政府对新型农业经营主体的支持政策传导机制的运行更为流畅。

二、基于时间维度的支持政策传导机制运行路径

基于时间维度的支持政策传导机制运行路径是指政府对新型农业经营主体的支持政策的传导是通过政策工具、媒介体、政策目标之间的传导来实现的，且具备在时间流程上的关联关系，如图4-5所示。

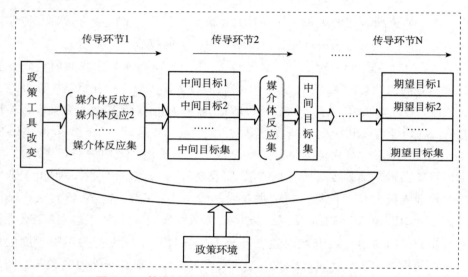

图4-5　基于时间维度的支持政策传导机制运行路径

首先，政府为实现特定的政策目标，改变相应的支持政策工具（包括直接性政策工具和间接性政策工具）；其次，诸如原材料价格、土地、资本、货币等媒介体对支持政策工具的改变作出反应；最后，由于媒介体出现变动，导致支持政策的中间目标发生变动，如农产品供给量、农产品消费量、农产品价格的变化等；进而又会影响原材料价格、土地、投资、货币等媒介体作出进一步的反应，从而形成下一轮的支持政策的中间目标发生变化，这样就可通过媒介体反应变量一轮一轮地修正政策中间目标，当经历的传导环节无限多时，这些政策中间目标就会越来越接近政策最终目标，如农产品价格稳定和农业经济增长等。其中，政策环境的主要功能是消化支持政策，并促使相应的媒介体对政策中间目标作出相应的反应，但有时政策环境的变化也可能干扰支持政策的传导；而政策最终目标的主要功能是积极引导媒介体和政策中间目标向实现最终目标的方向变化。

由此可看出，基于时间维度的支持政策传导机制运行路径侧重的是支持政策

自主地"运行"。这与基于空间维度的支持政策传导机制运行路径主要是依靠行政权力来实现其运行，有着很大的不同。

三、两个维度的支持政策传导机制运行路径的比较

这里分别从区别和联系两个方面对两个维度的支持政策传导机制运行路径进行比较分析。

1. 两个维度的支持政策传导机制运行路径的区别

政府对新型农业经营主体的支持政策传导机制的空间传导路径和时间传导路径的区别可以从传导方式、介质、受宏观面冲击、内因型风险、反馈功能等方面来阐述，如表 4－2 所示。

表 4－2　　政府对新型农业经营主体的支持政策传导机制的空间传导路径与时间传导路径的区别

项目	支持政策传导机制	
	空间传导路径	时间传导路径
传导方式	链式	环式
介质	文件	农产品价格
受宏观面影响	小	大
内因型风险	大	小
反馈功能	弱	强

（1）在传导方式方面，空间传导路径首先是从上级主体开始，将关于新型农业经营主体的支持政策逐级传导到底层主体，然后再由底层主体将这些支持政策传导给政策作用客体，并积极引导政策作用客体作出生产决策行为的改变。政策传导的层次感很强，中间环节没有循环，具有直线型传导的特点，故称之为链式传导方式；而时间传导路径虽然从总体上看也遵循从主体到客体的信息传递渠道，但这里主体的功能已极度弱化，而是将传导渠道的重点放在客体到客体的自循环式演进方面，故称之为环式传导方式。

（2）在介质方面，空间传导路径是通过各类关于新型农业经营主体的支持政策法规、条例等文件，将这些支持政策信息向下逐级传导的，并依靠行政权力来实施这些支持政策；而时间传导路径是通过关于新型农业经营主体的支持政策工具改变后，使得媒介体反应变量作出相应的调整，进而促使作用客体改变自身的农业投资和决策利用行为，最终实现这些支持政策对宏观经济调控的目的。

（3）在受宏观面影响方面，空间传导路径是在对宏观面的基本判断和预测基础上制定的关于新型农业经营主体的支持政策，并使这些支持政策逐级传导下

去，从而对宏观经济进行调控，因而传导过程并不受宏观面的影响；而时间传导路径则更加突出"客体→客体"的传导，由于客体是宏观经济的细胞，其经济行为和农业投资及决策利用行为处处受宏观面的制约，因而时间传导路径中关于新型农业经营主体的支持政策在客体之间每一环节的传导都会受到宏观面的时刻冲击。

（4）在内因型风险大小方面，根据前文分析，行政权力在关于新型农业经营主体的支持政策的空间传导路径中发挥极其重要的作用，因而这种运行路径的各个环节，包括政策的制定、细化、实施，都非常容易受人为因素的干扰，再加上在关于新型农业经营主体的支持政策传导机制运行过程中还存在不同主体间的利益博弈，因而支持政策的传导进程和支持政策传导机制的运行效果，受人为因素的影响很大，故内因型的人为风险很大；相比较而言，个体的力量在时间传导路径中是微不足道的，其内因型风险较小。

（5）在反馈功能方面，空间传导路径的直线型链式传导主要是依靠行政权力来实现的，因而很少注重反馈功能的实现，而时间传导路径的自循环型环式传导是通过一轮又一轮的反馈和修正，从而有助于实现政策的最终目标。

2. 两个维度的支持政策传导机制运行路径的联系

这里主要是通过阐述空间传导路径和时间传导路径之间的共同点，来说明两个维度的支持政策传导机制运行路径的联系。经比较，空间传导路径和时间传导路径的共同点主要有以下几点。

（1）两类传导路径的起点和终点相同。不论是空间传导路径，还是时间传导路径，起点都为支持政策主体，终点都为支持政策客体。

（2）两类传导路径相互依赖。空间传导路径是前提，时间传导路径是目标。同时空间传导路径的运行状况也会对时间传导路径的运行产生重要影响，如上下级主体因利益分歧而在关于新型农业经营主体的支持政策传导过程中进行利益博弈，博弈的结果轻则影响这些支持政策传导的进程，重则会使这些支持政策信息在空间传导中出现失真，进而会对时间传导路径的运行质量产生不利影响。

第三节　政府对新型农业经营主体的支持政策传导机制运行中的信息反馈

政府对新型农业经营主体的支持政策传导机制运行中的信息反馈对于支持政策传导机制运行的效果，有至关重要的影响。本节从反馈渠道的建立、反馈渠道的实施来进行说明。

一、反馈渠道的建立

构建政府对新型农业经营主体的支持政策传导机制运行中的反馈渠道总的思路是由微观客体开始，然后由底层政策主体逐级向上反馈，一直到中央政府及管理部门，具体的反馈渠道如图4-6所示。

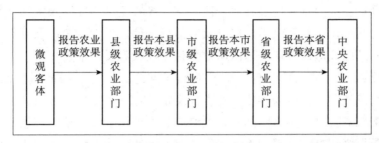

图4-6　政府对新型农业经营主体的支持政策传导机制运行中的反馈渠道

从图4-6中可看出，反馈渠道是由下往上逐级反馈的。首先，微观客体运用具体的关于新型农业经营主体的支持政策细则进行投资和消费决策以创造微观价值，进而推动当地农业的发展和个体财富的积累，其结果可以用来评判支持政策调控目标在当地的实现程度；然后微观客体将自身使用支持政策细则的效果情况报告给县级农业部门，并由县级农业管理部门汇总支持政策细则在本地的落实和效果情况，进一步向市级农业部门汇报；市级农业部门分析和汇总支持政策在本市的落实和效果情况后，及时向省级农业部门进行汇报；最后，由省级农业部门分析和汇总支持政策在本省的落实和效益情况，以及其中存在的问题及原因分析，并向中央农业部门汇报。这样，可使中央政府及管理部门及时了解支持政策在各地的落实和效益情况，并及时对偏离政策最终目标的政策措施加以修正，使得关于新型农业经营主体的支持政策措施的实施沿着政府期望的最终目标的轨道发展。

二、反馈渠道的实施

根据所构建的政府对新型农业经营主体的支持政策传导机制运行中的反馈渠道，要确保反馈渠道的实施，需从以下四个方面努力。

（1）注重政府对新型农业经营主体的支持政策真实反馈信息的收集。对支持政策传导机制运行中的信息反馈来说，微观客体对县级农业部门的反馈尤其重要，因为这在很大程度上决定了支持政策反馈信息的真实程度。因此，除了微观客体要及时向县级农业管理部门反馈支持政策细则使用的效益情况外，县级农业部门还应经常走访农户和农产品加工企业，到田间地头亲身感受支持政策给农业发展带来的变化，到农产品加工企业生产区了解农产品的生产及销售情况，这样才能得到最真实的信息反馈。

（2）确保政府对新型农业经营主体的支持政策反馈渠道的畅通。支持政策反馈渠道的畅通与否，对于支持政策反馈信息的真实性和有效性有重要影响。为此，上一级农业部门应通过多种途径接收下一级农业部门或微观客体提供的反馈信息。如可通过设立专线电话、信息反馈信箱、信息反馈邮箱以及上级农业部门到下级农业部门及微观客体走访调研等多种途径收集反馈信息。

（3）上级对下级的信息反馈应及时给予回应。针对下级提供的反馈信息，上级能否给予及时的回应和答复，将直接决定着政府对新型农业经营主体的支持政策反馈渠道能否顺利实施。因此，上级应高度重视下级的信息反馈，并在一定时间内给予下级回复，实现上下级之间的有效沟通，将有助于实现支持政策的最终目标。

（4）运用灵活有效的方法提高反馈的效率。如可以将定期反馈和不定期反馈相结合，并通过多种多样的反馈途径，及时收集下级的反馈信息，同时上级要在一定的时间内及时处理这些反馈信息，并将处理结果及时向下级通报，真正提高反馈的效率。

第五章　政府对新型农业经营主体的支持政策传导机制运行效应测度

——以农业补贴政策为例

根据前文构建的政府对新型农业经营主体的支持政策传导机制的基本框架，支持政策的实施是支持政策传导机制运行中的核心阶段，因此，本章在测度支持政策传导机制运行效应时，主要是从支持政策实施效应方面来进行。但由于政府对新型农业经营主体出台的支持政策的种类繁多，且不同类型的支持政策实施效应的测度方法也是不同的，因此，应根据支持政策的具体类型，选择合适的测度方法，以测度支持政策传导机制运行的效应。本章以政府对新型农业经营主体的支持政策中的重要政策——农业补贴政策为例，从农业补贴政策实施效应方面，来测度农业补贴政策传导机制运行的效应。

政府对新型农业经营主体的支持政策传导机制运行效应测度的内容，主要包括农产量增产、农民增收和农业经济增长三个方面，运行效应测度的方法主要有前—后对比分析法、满意度分析法、计量模型法、多目标综合评价法、层次分析法等。在以农业补贴政策为例，测度政府对新型农业经营主体的支持政策传导机制运行效应时，首先探讨了农业补贴政策的传导机制，然后基于课题组在湖北省黄冈市蕲春县、恩施州恩施市两地开展实地调研①取得的数据资料，分析了农业补贴政策在黄冈市蕲春县、恩施州恩施市的实施情况。接下来运用 GM（1，1）模型，分别从湖北省、湖北省蕲春县、湖北省恩施市等不同区域测度农业补贴政策传导机制运行的效应（包括粮食增产、农民增收以及农业经济增长）。结果表明，从整体上看，农业补贴政策传导机制运行实现了一定的积极效应，但在具体项目和具体地区上效应的实现是有差异的，同时还得出，农业补贴政策传导机制运行效应的显现，往往需要经历较长的时间。从效应测度结果可得出，政府对新

---

① 实地调研包括农户问卷调查、关键知情人访谈和机构访谈。农户问卷调查采用随机抽样法。此外，采用关键知情人访谈方法对调查农户所在村的情况进行了了解。采用机构访谈方法对县级和乡镇级政府部门、农技推广部门、专业合作社和相关企业进行访谈。

型农业经营主体的支持政策传导机制的运行，取得了一定的积极效应，但由于效应的实现往往需要经过较长的时间，从而说明支持政策传导机制的运行还存在较长的时滞，同时，在有些项目上效应的实现程度还较低，表明支持政策传导机制运行的效应和预期相比还有差距。

第一节　政府对新型农业经营主体的支持政策传导机制运行效应测度的内容与方法

政府针对新型农业经营主体出台支持政策的主要目的是促进农产品增产、农民增收以及农业经济增长。因而，政府对新型农业经营主体的支持政策传导机制运行效应测度的内容，也主要是基于以上三个方面来进行。政府对新型农业经营主体的支持政策传导机制运行效应的测度方法因政策类型的不同而有所不同。

一、政府对新型农业经营主体的支持政策传导机制运行效应测度的内容

（一）农产品增产

农产品产量是确保农产品有效供给和农产品市场稳定的重要基础。但随着工业化、城镇化进程的加快，我国耕地资源数量总体上趋于减少，这对于农产品产量的增加构成了严重威胁。如果国家不通过支持政策的方式，积极鼓励农民实行适度规模农业经营，严格控制"农转非"用地的规模，提高农业科技进步贡献率，我国农产品的产量不仅不能增加，反而在不断减少。因此，国家针对新型农业经营主体出台相应支持政策的重要目标是促进农业增产。那么，政府对新型农业经营主体的支持政策传导机制运行后，是不是带来了农产品产量的增加，如果是增加了，增加的程度如何？关于这些问题，我们可以选用适当的方法来进行测度。

（二）农民增收

农民收入问题在一定程度上关系到整个社会的和谐稳定，因此农民收入问题一直是国家非常关注的重要问题。但由于我国农民整体素质不高、接受新鲜事物的能力有限，致使其在农业生产经营活动中的效率较低，再加上农业的高风险、低收益等特点，导致农民的收入水平长期低下，这严重不利于我国农业经济的发展。因此，政府针对新型农业经营主体出台诸多的支持政策，以期能为农民增收

发挥重要作用。那么，政府对新型农业经营主体的支持政策传导机制运行后，是否对农民增收起到了积极作用。我们也可以选用适当的方法来进行测度和分析。

（三）农业经济增长

农业是国民经济的基础。因此，农业经济增长对整个国民经济发展具有重要作用。但随着大量农用土地转向非农领域，大量的农村剩余劳动力转移到城市等现象的出现，对我国农业经济增长产生严重不利影响。为此，政府针对新型农业经营主体出台多项支持政策，以期能为农业经济增长发挥积极作用。那么，政府对新型农业经营主体的支持政策传导机制运行后，是否对农业经济增长产生了积极效应呢？我们同样可以选用适当的方法来测度和分析。

二、政府对新型农业经营主体的支持政策传导机制运行效应测度的方法

政府对新型农业经营主体的支持政策传导机制运行效应的测度方法主要有前—后对比分析法、满意度分析法、计量模型法、多目标综合评价法、层次分析法等。

前—后对比分析法是将政府对新型农业经营主体的支持政策传导机制运行前后的指标数值进行对比，以测度支持政策传导机制运行的效应。比较常用的有简单"前—后"对比分析、"投射—实施后"对比分析等。满意度分析法是根据相应组织和个人对支持政策传导机制运行效应的综合评价结果，以决定是否需要对支持政策传导机制的运行进行调整和优化。计量模型法就是要选择合适的被解释变量和解释变量构建相应的计量模型来定量测度支持政策传导机制的运行效应。多目标综合评价法，是将支持政策传导机制运行效应进行多目标的定性分析和定量评价。层次分析法是一种将定性分析和定量分析有机结合的分析方法。

需要指出的是，不同的测度方法适合不同类型的支持政策，且每一种方法对数据获取的要求是不同的。因此，应根据具体政策的不同和测度方法对数据的不同要求，选择合适的测度方法。本书在以农业补贴政策为例，测度政府对新型农业经营主体的支持政策传导机制运行效应时，主要选用前—后对比分析法和计量模型法来进行测度。

第二节　农业补贴政策传导机制分析

农业补贴政策作为政府对新型农业经营主体的支持政策当中的具体化政策，

其传导机制也遵循一般支持政策的传导机制。由于前面已经对关于新型农业经营主体的支持政策的传导机制作了比较详尽的分析，本节只对农业补贴政策传导机制的运行流程以及传导机制运行中存在的时滞因素进行细化分析。

一、农业补贴政策传导机制的运行流程

结合理论探讨和实践调研，农业补贴政策传导机制的运行流程可以用图5－1表示。

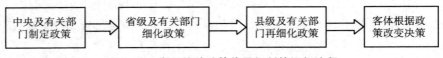

图5－1　农业补贴政策传导机制的运行流程

由图5－1可知，农业补贴政策传导机制的运行流程包括：第一，由中共中央、国务院及农业部、财政部等部门，根据农业经济发展形势，出台相应的农业补贴政策，并以文件、法规等载体将农业补贴政策传达给省级政府及农业厅、财政厅等部门；第二，省级政府及农业厅、财政厅等部门学习领会上级制定的补贴政策后，根据本地农业经济发展形势，在不违背上级政策的前提下制定适合本地发展需要的更为具体的补贴政策，并以文件、办法、规定等载体将具体化的补贴政策传达给县级政府及农业局、财政局等；第三，县级政府及有关部门学习领会上级部门制定的补贴政策后，结合本地农业发展实际，制定出操作性很强的具体措施和办法，并将这些具体措施和办法传达给政策客体；第四，政策客体在对这些具体措施和办法形成一定认知后，改变自己的生产经营决策。

在农业补贴政策传导机制运行过程中，农业补贴资金的发放是其关键一环。农业补贴资金的发放程序如图5－2所示。

图5－2　农业补贴资金的发放程序

农业补贴资金的发放程序共经历以下步骤：

（1）中央财政部根据各省的农业经济发展情况将农业补贴资金下拨给各省财政厅；

（2）各省财政厅将中央下拨的农业补贴资金和本省财政安排的农业补贴资金在省内各县进行分配；

（3）各县财政局收到省财政厅下拨的农业补贴资金后，连同本县财政安排

的农业补贴资金，依据各乡镇农业经济发展实际，将农业补贴资金下拨给乡镇财政所；

（4）各乡镇财政所在收到这些补贴资金后，根据核准后的农户相关数据（包括种养殖面积、种养殖品种、农资成本情况、农机具购买情况等），将农业补贴资金在农户间进行分配，经公示后将农业补贴资金额直接打入指定的农户账户中。

二、农业补贴政策传导机制运行中的时滞

前面在介绍"政策传导机制"这一概念时，重点介绍了土地政策传导机制，同时指出在土地政策传导机制运行过程中存在识别时滞、决策时滞、中间时滞以及生产时滞等。同样，农业补贴政策传导机制在运行过程中也存在以上四种时滞。识别时滞是上级政策主体认识到农业经济形势变化，从而需要出台相应的农业补贴政策过程中的时间间隔，如国家在认识到农业补贴政策应当向种养大户倾斜前就经历了较长的识别时滞。决策时滞是上级主体认识到应当出台相应的农业补贴政策到出台农业补贴政策时所经过的时间间隔。中间时滞是从上级主体公布并实施相应的农业补贴政策到政策作用对象做出决策改变时的时间间隔。生产时滞是指当政策作用对象做出决策改变到使得有关经济变量发生变化所需要经过的时间间隔。

以上这些时滞如果过长，将会影响农业补贴政策传导机制运行的效应，因此，应尽量缩短这些时滞。

第三节　样本选取县市农业补贴政策实施情况

一、样本选取依据

"湖广熟、天下足"，湖北是我国的传统农业大省，素有"鱼米之乡"的美誉，同时湖北还是我国 13 个粮食主产区之一，国家各项农业支持政策的实施将会对湖北的农业发展产生重要影响。鉴于此，本书选用湖北省来分析农业补贴政策的实施情况，具有较强的代表性。在湖北省内部，黄冈和恩施两市都是传统的农业大市，且都属于经济欠发达地区，农业人口占比也相对其他地级市较高，农业产值占 GDP 的比重也相对较高，因此，在这两个地区考察农业补贴政策的实

施情况，进而测度农业补贴政策传导机制运行的效应，具有较强的说服力。

二、样本选取县市基本情况

（一）黄冈市蕲春县基本情况

蕲春地处湖北东部，大别山南麓，长江中游北岸，版图面积 2 398 平方公里，总人口 103 万①，辖 15 个乡镇（办）、2 个省级开发区和 1 个国家级湿地公园，1 个国家级森林公园。蕲春县隶属黄冈市管辖，是全国扶贫开发重点县。

近几年来，在湖北省委、省政府和黄冈市委、市政府的坚强领导下，蕲春紧紧围绕"五个湖北""三个纲要""四个大别山""双强双兴"战略部署和要求，立足李时珍人文资源禀赋和品牌优势，抢抓政策机遇，按照"华夏中药谷、东方养生城"的发展定位，实施"三大战略"（药旅联动发展战略、全域城镇化战略、集成发展战略），开展"三大行动"（"双百"项目行动、招商引资行动、服务企业行动），全县社会经济发展迈上了新的台阶，城乡面貌发生显著变化，人民生活水平和质量全面提升，社会大局和谐稳定。

2014 年，全县地区生产总值 180.44 亿元，同比增长 10.4%；人均地区生产总值达到 23 325 元②。第一产业增加值 43.38 亿元，增长 5.1%；第二产业增加值 72.32 亿元，增长 11.5%，其中，工业增加值 54.98 亿元，增长 9.8%，第三产业增加值 64.74 亿元，增长 12.3%；三次产业结构由 2013 年的 25.4∶39.6∶35 调整为 24∶40.1∶35.9。固定资产投资 223.07 亿元，同比增长 20.6%；规模以上工业达 139 家，规模以上工业实现现价工业总产值 235.91 亿元，同比增长 14.08%；社会消费品零售总额 87.33 亿元，同比增长 13%；外贸出口 8 462 万美元，同比增长 29.7%；城镇居民人均可支配收入 20 013 元，同比增长 10.02%；农民人均纯收入 9 424 元，同比增长 12.57%；公共财政收入 10.02 亿元，同比增长 20.64%。

在农业方面，2014 年蕲春县全年农林牧渔业总产值 67.75 亿元，按可比价计算比上年增长 5.17%。全年粮食作物总产量达 10.59 亿斤，同比增长 2.83%；粮食作物种植面积 116.6 万亩，同比增长 3.9%。全年油料种植面积 43.19 万亩，同比增长 0.63%，油料总产量实现 53 935 吨，同比增长 0.39%；中药材播种面积 30.82 万亩，同比增长 26.12%，总产量达到 662.6 万公斤，同比增长

---

① 2015 年 7 月数据。
② 数据来源于《2014 年蕲春县国民经济和社会发展统计公报》。

19.99%。畜牧业总产值23.35亿元，增长7.88%。2014年蕲春县被湖北省农业厅推荐申报"国家现代农业示范区"。蕲春县还先后被评为"全国粮食生产先进县""湖北水产大县""湖北生猪调出大县"，因此课题组以湖北省蕲春县作为主要调研地区具有较强的代表性。

（二）恩施州恩施市基本情况

恩施市位于湖北省西南部，是恩施土家族苗族自治州的政府驻地，北邻重庆市，全市国土面积3967平方公里，辖10个乡、3个镇、3个街道办事处和172个行政村、34个居委会。总人口78万，其中土家族、苗族、侗族等少数民族占38%。

2014年完成地区生产总值156.5亿元，同比增长9.7%。人均GDP首次突破2万元，达到20 436元[①]。第一产业增加值25.52亿元，可比价增长5.2%；第二产业增加值63.04亿元，可比价增长10.6%；第三产业增加值67.94亿元，可比价增长10.8%。三次产业结构由上年的17.3∶40.2∶42.5调整为16.3∶40.3∶43.4，第三产业比重比上年提高0.9个百分点。完成规模以上工业增加值47.32亿元，增长10.5%。2014年实现社会消费品零售总额82.34亿元，同比增长13.5%，外贸出口达到12 601万美元，同比增长15.2%。实现旅游综合收入76.13亿元，增长38.9%，农村常住居民年人均可支配收入（新口径）7 453元，增长13.2%。城镇常住居民人均可支配收入（新口径）达到22 142元，增长10.3%。完成全社会固定资产投资137.7亿元，同比增长22.9%。城镇化率达到50.1%，同比提高1.7个百分点。实现财政总收入23.50亿元，同比增长12.3%。完成地方公共财政预算收入18.33亿元，同比增长18.0%。2013年城镇新增就业10 229人，城镇登记失业率为3.75%。

在农业方面，2014年恩施市全年实现农林牧渔业总产值42.56亿元，同比增长5.3%。全年粮食产量23.39万吨，同比增产1.3%。其中，夏粮产量6.38万吨，与上年基本持平，秋粮产量17.01万吨，同比增产1.9%；蔬菜产量56.92万吨，同比增产4.5%；油料产量18 091吨，同比增产2.4%；茶叶产量16 957吨，同比增产17.4%。畜牧业生产稳定，全年生猪出栏102.07万头，同比增长0.9%；牛出栏4.54万头，同比增长13.1%；羊出栏18.1万只，同比增长10.6%；家禽出笼235.93万只，同比增长12%。

---

① 数据来源于《2014年恩施市国民经济和社会发展统计公报》。

三、样本选取县市农业补贴政策实施情况分析

（一）蕲春县农业补贴政策实施情况分析

蕲春县是农业大县，国家商品粮基地。自我国实施农业四项补贴政策以来，蕲春县党委、政府以及财政、农业等管理部门，积极落实中央和湖北省的各项补贴政策，在第一时间将农业补贴资金发放到农业支持政策微观客体手中，并结合本县财政实际情况，力争提高各项补贴标准，积极为农业增产、农民增收提供服务。

通过对蕲春县财政局、农业局等部门的走访调研，我们得到了 2006～2014 年蕲春县四项补贴资金的发放金额，如表 5-1 所示。

表 5-1　　　　　　2006～2014 年蕲春县四项补贴资金发放金额

单位：万元

年份	粮食直补	良种补贴	农资综合补贴	农机具购置补贴	合计
2006	918	174	855	54	2 001
2007	913	578	1 372	106	2 969
2008	925	592	3 554	226	5 297
2009	917	680	3 562	520	5 679
2010	918	1 650	3 555	530	6 653
2011	917	1 328	4 031	600	6 876
2012	917	1 682	4 896	745	8 240
2013	918	1 799	4 899	1 440	9 056
2014	918	1 827	4 899	1 480	9 124

资料来源：蕲春县财政局。

从表 5-1 中可看出，2006～2014 年，蕲春县农业四项补贴资金总额呈逐年增长态势。在粮食直补方面，由于国家近年来每年投入的资金相对稳定，故蕲春县关于粮食直补资金的发放也比较稳定；在良种补贴方面，补贴资金额由 2006 年的 174 万元增加到 2014 年的 1 827 万元，累计增加 1 653 万元，增长了 9.50 倍；在农资综合补贴方面，补贴资金额由 2006 年的 855 万元增加到 2014 年的 4 899 万元，累计增加 4 044 万元，增长了 4.73 倍；在农机具购置补贴方面，补贴资金额由 2006 年的 54 万元增加到 2014 年的 1 480 万元，累计增加 1 426 万元，增长了 26.41 倍。四项补贴资金额的较快增长，为蕲春县农业生产经营活动的开展提供了重要的经济条件。2006～2014 年蕲春县四项补贴资金发放总额变化情况如图5-3所示。

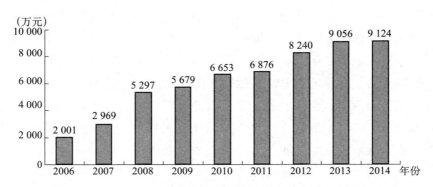

图 5 - 3　2006～2014 年蕲春县四项补贴资金发放总额变化情况

资料来源：蕲春县财政局。

从图 5 - 3 中可看出，蕲春县农业四项补贴资金发放总额由 2006 年的 2 001 万元增加到 2014 年的 9 124 万元，累计增加了 7 123 万元，增长了 3.56 倍。同时还可看出，2007～2008 年是蕲春县农业四项补贴资金额增长较快的第一个阶段，补贴资金由 2 969 万元猛增到 5 297 万元，增长了 78.41%；2011～2012 年是蕲春县农业四项补贴资金额增长较快的又一个阶段，补贴资金由 6 876 万元增加到 8 240 万元，增长了 19.84 %；之后的 2013 年和 2014 年，四项补贴资金的数额相对保持稳定。

2006～2014 年蕲春县四项补贴资金分项目发放金额变化情况如图 5 - 4 所示。

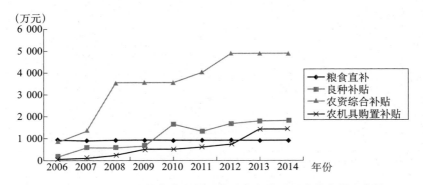

图 5 - 4　2006～2014 年蕲春县四项补贴资金分项目发放金额变化情况

资料来源：蕲春县财政局。

从图 5 - 4 中可看出，除 2006 年外，农资综合补贴资金发放额在这四项补贴资金中都是最多的，农资综合补贴资金发放额占四项补贴资金发放总额的比重都在 50% 以上，且其他三项补贴资金数额与农资综合补贴资金的数额相比差距很大。在这四项补贴资金中，粮食直补资金的变化最为稳定；良种补贴资金虽然刚开始时补贴资金较少，但增长较为迅速，2009 年之后一直是四项补贴资金中第二高的；农机具购置补贴资金数额相对较少，直到 2012 年之后，才超过粮食直补资金的数额。以上表明，蕲春县农业四项补贴资金的重点在农资综合补贴方面，这主要是由于近年来农资成本上涨较快，种粮比较利益较低，为鼓励农民种粮而作出的政策倾斜；但同时我们也发现，蕲春县农机具购置补贴资金相对不足，这也直接影响了蕲春县农民对农业机械，尤其是大型农业机械的购买和使用，进而也会影响到农业的生产效率以及农产品的增产和农民的增收，在这方面，需要蕲春县给予重点关注和支持。

（二）恩施市农业补贴政策实施情况分析

恩施市是农业大市。自国家出台并实施农业四项补贴政策以来，恩施市积极响应国家、湖北省、恩施州的政策精神，积极做好恩施市农业四项补贴资金的管理和发放工作，减轻农民负担，提高农民种粮积极性，提高农产品产量，增加农民收入。

通过对恩施市财政局、农业局等部门的走访调研，我们得到了 2006～2014 年恩施市四项补贴资金的发放金额，如表 5－2 所示。

表 5－2　　　　　　　2006～2014 年恩施市四项补贴资金发放金额

单位：万元

年份	粮食直补	良种补贴	农资综合补贴	农机具购置补贴	合计
2006	795	95	812	61	1 763
2007	797	120	1 124	112	2 153
2008	799	203	3 226	235	4 463
2009	799	312	3 358	543	5 012
2010	800	436	3 421	586	5 243
2011	800	565	3 788	623	5 776
2012	802	631	4 151	756	6 340
2013	802	702	4 376	830	6 710
2014	802	745	4 656	923	7 126

资料来源：恩施市财政局。

从表 5－2 中可看出，2006～2014 年，恩施市不论是农业四项补贴资金总额，还是各单项补贴资金额，均保持了增长势头。具体来看，粮食直补资金的变化比较稳定，每年基本稳定在 800 万元左右；良种补贴资金额由 2006 年的 95 万元增加到 2014 年的 745 万元，累计增加 650 万元，增长了 6.84 倍；农资综合补贴资金额由 2006 年的 812 万元增加到 2014 年的 4 656 万元，累计增加 3 844 万元，增长了 4.73 倍；农机具购置补贴资金额由 2006 年的 61 万元增加到 2014 年的

923 万元，累计增加 862 万元，增长了 14.13 倍。

2006~2014 年恩施市四项补贴资金发放总额变化情况如图 5-5 所示。

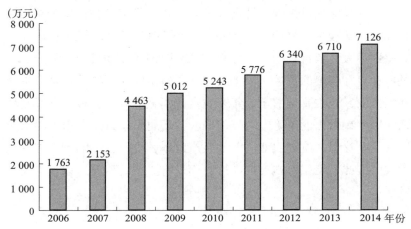

图 5-5　2006~2014 年恩施市四项补贴资金发放总额变化情况

资料来源：恩施市财政局。

从图 5-5 中可看出，恩施市农业四项补贴资金发放总额由 2006 年的 1 763 万元增加到 2014 年的 7 126 万元，累计增加了 5 363 万元，增长了 3.04 倍。同时从图 5-5 还可看出，2007~2008 年是恩施市农业四项补贴资金额增长较快的阶段，补贴资金由 2 153 万元猛增到 4 463 万元，增长了 107.29%；之后几年农业四项补贴资金额的增长均保持稳定，最终增长到 2014 年的 7 126 万元。

2006~2014 年恩施市四项补贴资金分项目发放金额变化情况如图 5-6 所示。

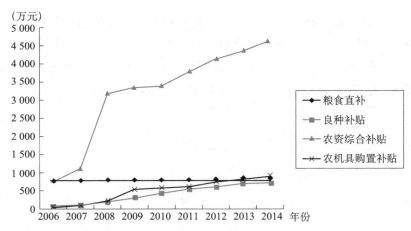

图 5-6　2006~2014 年恩施市四项补贴资金分项目发放金额变化情况

资料来源：恩施市财政局。

从图 5-6 中可看出，在这四项补贴资金中，农资综合补贴数额是最多的，且在四项补贴资金总额中占有的比重很大，达到 50% 以上；粮食直补资金的变化最为稳定，这与国家对粮食直补资金投入的相对稳定有关；良种补贴资金虽然刚开始时补贴资金较少，但增长较为迅速，到 2014 年时，其绝对数额已与粮食直补数额差别不大；农机具购置补贴资金数额也保持了增长态势，到 2014 年时已经超过粮食直补资金的数额。以上表明，恩施市农业四项补贴资金的重点在农资综合补贴方面，这主要是由于近年来农资成本上涨较快，种粮获利空间小，政府为鼓励农民种粮做出的政策倾斜；但同时我们也发现，恩施市农机具购置补贴资金相对不足，这会影响到农业的劳动生产效率，进而会影响到农产品的增产和农民的增收。因此，希望恩施市能在这方面进行必要的调整，以促进恩施市农业的长远发展。

第四节　农业补贴政策传导机制运行效应测度

农业补贴政策传导机制运行的效应主要包括农产品增产、农民增收和农业经济增长三个方面。因此，本节将在选择合适计量模型的基础上，分别从湖北省省级层面和湖北省蕲春县、湖北省恩施市两个县级层面，测度农业补贴政策传导机制运行的效应。

一、模型选择

农业补贴政策的实施是农业补贴政策传导机制运行中的核心阶段。因此，可从农业补贴政策实施效应方面来测度农业补贴政策传导机制运行的多维效应。为此，这里选用"前—后"对比分析法，即将农业补贴政策传导机制运行前后的有关指标进行对比，以得出该政策传导机制运行的效应，从而提出针对性的建议措施。

（一）"前—后"对比分析法的基本思想

1. 简单"前—后"对比分析

简单"前—后"对比分析如图 5-7 所示。

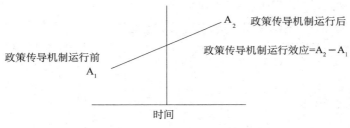

图 5 - 7　简单"前一后"对比分析

在图 5 - 7 中，A_1 为政策传导机制运行前的观测值，A_2 为政策传导机制运行后的观测值，政策传导机制运行的效应用 A_2 与 A_1 之间的差值表示，该指标值越大，表示政策传导机制运行的效应就越大。但是，这种分析方法隐含的基本假定是：在政策传导机制运行前后，其余的各种变量都是不变的。但事实上，政策传导机制运行前后，政策传导对象所面临的各种约束条件，如主观因素、外部环境、偶然事件、自然灾害等都有可能不同，由此导致用该种方法得到的政策传导机制运行效应的结果的可信度较低。因此，这种方法虽然简单，但实际中运用得较少。

2. "投射—实施后"对比分析

"投射—实施后"对比分析如图 5 - 8 所示。

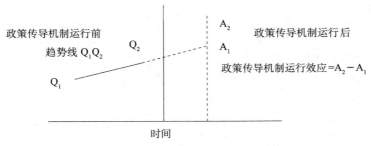

图 5 - 8　"投射—实施后"对比分析

"投射—实施后"对比分析法，充分考虑了简单的"前一后"对比分析法所忽略的政策传导对象所面临的各种约束条件变化对结果的影响，因此该方法是对简单的"前一后"对比分析法的改进和完善。从图 5 - 8 中可看出，该方法是将政策传导机制运行前的趋势线 Q_1Q_2 投射到政策实施后的某一点 A_1 上，然后将这一点同政策传导机制运行后的 A_2 点进行对比，若 A_2 点所代表的观测值大于 A_1 点所代表的观测值，则说明政策传导机制运行效应为正，政策传导机制所起的作用是积极的。

由于"投射—实施后"对比分析法考虑到了事物的过去发展情况对事物现在及将来发展的"惯性"影响，因此这种方法较为符合实际，因此，本书在研究时主要是在这种方法的基本思想上来考察政策传导机制运行的效应。

（二）模型选择

本书在"投射—实施后"对比分析法的基础上，运用灰色系统理论的一阶一元灰色模型，即 GM（1，1）模型来测度农业补贴政策传导机制运行的效应。灰色系统理论所研究的系统具备这样的特征：在这个系统中，选取的样本少[①]，因而信息较为缺乏，故形成了有些信息已知，但有些信息未知的状况。灰色系统理论要做的就是利用已知信息来找出数据发展规律，从而实现对未来行为的有效性预测[②]。

根据一阶一元灰色模型 GM（1，1）的要求，本书是以农业补贴政策传导机制的运行作为考察对象，将农业补贴政策传导机制的重要政策目标，如粮食增产、农民增收以及农业经济增长作为衡量指标，运用农业补贴政策传导机制运行前湖北省、蕲春县、恩施州的粮食产量、农民收入以及农业经济发展方面的数据资料，初步分析相关水平的发展趋势，从而建立预测模型，在此基础上，对农业补贴政策传导机制运行后的 2005～2014 年的目标水平进行预测，最后将实际值和预测值进行对比，以得出政策传导机制运行的效应。

1. GM（1，1）模型的构建

GM（1，1）模型主要适用于对时间序列变量的预测和决策。具体模型如下。

若给定原始时间序列数据数列 $X^{(0)}$ 有 n 个观测值，即：

$$X^{(0)} = \{x^{(0)}(1), x^{(0)}(2), \cdots, x^{(0)}(n)\}$$

将数列 $X^{(0)}$ 经一次累加生成后可建立 GM（1，1）的一阶微分方程：

$$\frac{dX^{(1)}}{dt} + \alpha X^{(1)} = u \qquad (5.1)$$

其中，$X^{(1)}(k) = \sum_{i=1}^{k} X^{(0)}(i), (k = 1, 2, \cdots, n)$；$\alpha$ 表示发展灰数；u 表示内生控制灰数。

通过待估参数向量 $\hat{\alpha} = \begin{bmatrix} \alpha \\ u \end{bmatrix}$，利用最小二乘法，可求得：

---

① 运用灰色系统理论进行预测研究一般以 3～8 个数据为最佳选择。
② 刘思峰：《灰色理论及其应用》，科学出版社 2000 年版。

$$\widehat{\alpha} = (B^T B)^{-1} B^T Y_n$$

其中，

$$B = \begin{bmatrix} -\dfrac{1}{2}[x^{(1)}(1) + x^{(1)}(2)] & 1 \\ -\dfrac{1}{2}[x^{(1)}(2) + x^{(1)}(3)] & 1 \\ \cdots & \cdots \\ -\dfrac{1}{2}[x^{(1)}(n-1) + x^{(1)}(n)] & 1 \end{bmatrix} \qquad (5.2)$$

$$Y_n = [X^{(0)}(2), X^{(0)}(3), \cdots, X^{(0)}(n)]^T$$

求解（5.1）式，可得到原始序列的预测模型：

$$\widehat{X}^{(1)}(k) = [\widehat{X}^{(0)}(1) - u/\alpha]e^{-\alpha(k-1)} + u/\alpha \qquad (5.3)$$

若根据（5.2）式计算出了 $\widehat{X}^{(1)}(k+1)$，再按下式：

$$\widehat{X}^{(0)}(k+1) = \widehat{X}^{(1)}(k+1) - \widehat{X}^{(1)}(k) = (1 - e^{\alpha})[x^{(1)}(1) - u/\alpha]e^{-\alpha k}$$

$$(5.4)$$

进行累减，还可以还原到 $k+1$ 时刻原始模拟数据。

2. GM（1，1）模型的精度检验

模型选定后，还不能立即用于分析和预测，而必须通过检验后才能判定该模型是否合理。灰色模型的精度检验一般有三种方法可以选择，分别是相对残差大小检验法、后验差检验法和关联度检验法。而对于 GM（1，1）模型多采用残差检验法和后验差检验法。

（1）残差检验法。

按 GM（1，1）建模法可求出原始数据 $X^{(0)}(k)$ 和预测值 $\widehat{X}^{(0)}(k)$ 的绝对离差和相对离差来检验。计算残差得：

$$E = [e(1), e(2), \cdots, e(n)] = X^{(0)} - \widehat{X}^{(0)}, e(k)$$
$$= x^{(0)}(k) - \widehat{x}^{(0)}(k), k = 1, 2, \cdots, n$$

则绝对离差的计算公式为：

$$Q^0(k) = |X^{(0)}(k) - \widehat{X}^{(0)}(k)| = |e(k)|, (k = 1, 2, \cdots, n) \qquad (5.5)$$

相对离差的计算公式为：

$$M(k) = \frac{Q^{(0)}(k)}{X^{(0)}(k)} \times 100\%, (k = 1, 2, \cdots, n) \qquad (5.6)$$

（2）后验差检验法。

后验差检验法是用方差比 C 和小误差概率 P 进行检验，其计算公式为：

$$C = \frac{S_2^2}{S_1^2}, S_1^2 = \frac{1}{n} \sum_{k=1}^n \left[x^{(0)}(k) - \bar{x} \right]^2, S_2^2 = \frac{1}{n} \sum_{k=1}^n \left[e(k) - \bar{e} \right]^2 \qquad (5.7)$$

其中，S_1^2 为原始序列的方差。$\bar{x}$ 为原始序列数据的均值，其计算公式为：

$$\bar{x} = \frac{1}{n} \sum_{k=1}^n x^{(0)}(k) \qquad (5.8)$$

S_2^2 为残差序列的方差。$\bar{e}$ 为残差序列的均值，其计算公式为：

$$\bar{e} = \frac{1}{n} \sum_{k=1}^n e(k) \qquad (5.9)$$

小误差概率的计算公式为：

$$p = P\{| e(k) - \bar{e}| < 0.6745 S_1\} \qquad (5.10)$$

模型的精度由方差比和小误差概率共同决定。该模型的精度一般分为四级，如表 5-3 所示。

表 5-3 　　　　　　　　　　　GM （1, 1） 模型的精度等级

指标	精度等级			
	1 （好）	2 （合格）	3 （勉强）	4 （不合格）
小误差概率 P	>0.95	>0.80	>0.70	≤0.7
方差比 C	<0.35	<0.50	<0.65	≤0.65

模型的精度级别取小误差概率 P 的级别和方差比 C 级别的最大值。

二、农业补贴政策传导机制运行效应的测度——以湖北省为例

（一）模型建立

给出湖北省 2000~2004 年粮食产量、农民人均纯收入及农业生产总值数据如表 5-4 所示。其中，农民人均纯收入以及农业生产总值数据资料均是以 2000 年为基期，运用价格指数进行了平减处理。

表 5-4 　湖北省 2000~2004 年粮食产量、农民人均纯收入及农业生产总值数据

年份	原始序列	粮食产量 （万吨）	农民人均纯收入 （元）	农业生产总值 （亿元）
2000	$x^{(0)}(1)$	2 218.49	2 268.6	662.3
2001	$x^{(0)}(2)$	2 138.49	2 356.91	693.56

年份	原始序列	粮食产量（万吨）	农民人均纯收入（元）	农业生产总值（亿元）
2002	$x^{(0)}(3)$	2 047	2 429.52	702.79
2003	$x^{(0)}(4)$	1 921.02	2 518.75	783.42
2004	$x^{(0)}(5)$	2 100.12	2 680.48	788.60

资料来源：《湖北统计年鉴》。

利用表 5 - 4 中的数据为原始序列分别建立模型，利用灰色系统理论建模软件 GTMS3.0，根据灰色算法可分别得到如下 GM（1，1）模型（见表 5 - 5）。

表 5 - 5　　　　　　湖北省各指标的 GM（1，1）预测模型

考察指标	函数类别	时间响应函数
粮食产量	预测函数	$\hat{X}^{(1)}(k+1) = -173\ 673.8984e^{-0.0121k} + 175\ 892.3884$
	模拟函数	$\hat{X}^{(0)}(k+1) = -171\ 535.4084e^{-0.0121k}$
农民人均纯收入	预测函数	$\hat{X}^{(1)}(k+1) = 53\ 593.6328e^{0.0427k} - 51\ 327.0328$
	模拟函数	$\hat{X}^{(0)}(k+1) = 55\ 952.5428e^{0.0427k}$
农业生产总值	预测函数	$\hat{X}^{(1)}(k+1) = -13\ 644.7939e^{0.0492k} - 12\ 982.4939$
	模拟函数	$\hat{x}^{(0)}(k+1) = -14\ 338.3539e^{0.0492k}$

在表 5 - 5 的基础上，分别利用该模型进行残差检验和对湖北省粮食产量、农业纯收入、农业生产总值的增长水平值拟合，其结果如表 5 - 6 所示。

表 5 - 6 是根据残差检验法，得到了粮食产量、农民人均纯收入、农业生产总值这三项指标实际值与模拟值的误差比较结果。

根据检验结果，我们得到这三项指标的模拟值和实际值均比较接近，其中，粮食产量平均相对误差为 0.6699%；农民人均纯收入平均相对误差为 0.7971%；农业生产总值平均相对误差为 1.9665%。从理论上说，这些模型可以用来分析这三个指标发展的一般趋势。

由于我们选择的是"投射—实施后"方法，农业补贴政策传导机制的主要目标是粮食增产、农民增收以及促进农业经济增长。在政策传导机制运行前，按照考察指标水平的发展趋势使用 GM（1，1）模型预测未来几年的数据，相当于将按政策传导机制运行前该发展趋势投射到政策传导机制运行后的时间段上的某些点上，再将政策传导机制运行后的实际数据与预测未传导政策的预测数据进行比较，即可得出政策传导机制运行的效应。模型预测结果如表 5 - 7 所示。

表5-6

湖北省各指标实际值与模拟值误差比较

年份	粮食产量				农民人均纯收入				农业生产总值			
	实际值	模拟值	绝对误差	相对误差（%）	实际值	模拟值	绝对误差	相对误差（%）	实际值	模拟值	绝对误差	相对误差（%）
2000	2 218.49	—	—	—	2 268.6	—	—	—	662.3	—	—	—
2001	2 138.49	2 088.9030	49.59	2.3188	2 356.91	2 338.2658	18.64	0.7910	693.56	688.1107	5.45	0.7857
2002	2 047	2 063.8504	-16.85	-0.8232	2 429.52	2 440.3902	-10.87	-0.4474	702.79	722.8111	-20.02	-2.8488
2003	1 921.02	2 039.0983	-118.08	-6.1467	2 518.75	2 546.9750	-28.23	-1.1206	783.42	759.2613	24.16	3.0837
2004	2 100.12	2 014.6431	85.48	4.0701	2 680.48	2 658.2148	22.27	0.8306	788.60	797.5497	-8.95	-1.1349

表5-7　湖北省 GM (1, 1) 最终预测结果

年份	粮食产量				农民人均纯收入				农业生产总值			
	实际值	预测值	绝对误差	相对误差(%)	实际值	预测值	绝对误差	相对误差(%)	实际值	预测值	绝对误差	相对误差(%)
2000	2 218.49	—	—	—	2 268.6	—	—	—	662.3	—	—	—
2001	2 138.49	1 990.48	148.01	6.92	2 356.91	2 774.31	-417.40	-17.71	693.56	837.77	-144.21	-20.79
2002	2 047	1 966.61	80.39	3.93	2 429.52	2 895.48	-465.96	-19.18	702.79	880.02	-177.23	-25.22
2003	1 921.02	1 943.02	-22.00	-1.15	2 518.75	3 021.94	-503.19	-19.98	783.42	924.39	-140.97	-17.99
2004	2 100.12	1 919.72	180.40	8.59	2 680.48	3 153.93	-473.45	-17.66	788.60	971.01	-182.41	-23.13
2005	2 177.38	1 896.70	280.68	12.89	2 841.68	3 291.68	-450.00	-15.84	971.61	1019.98	-48.37	-4.98
2006	2 210.14	1 873.95	336.19	15.21	3 012.89	3 435.44	-422.55	-14.02	1 004.85	1 071.41	-66.56	-6.62
2007	2 287.40	1 851.47	435.93	19.06	3 351.37	3 585.48	-234.11	-6.99	1 155.28	1 125.44	29.84	2.58
2008	2 329.19	1 829.27	499.92	21.46	3 634.80	3 742.08	-107.28	-2.95	1 389.48	1 182.20	207.28	14.92
2009	2 411.06	1 807.33	603.73	25.04	3 930.56	3 905.52	25.04	0.64	1 401.89	1 241.81	160.08	11.42
2010	2 417.76	1 785.66	632.10	26.14	4 415.82	4 076.09	339.73	7.69	1 625.57	1 304.44	321.13	19.76
2011	2 490.49	1 764.24	726.25	29.16	4 913.13	4 254.12	659.02	13.41	1 830.02	1 370.22	459.80	25.13
2012	2 543.77	1 743.08	800.69	31.48	5 429.60	4 439.92	989.68	18.23	1 969.97	1 439.31	530.66	26.94
2013	2 603.26	1 722.18	881.08	33.85	5 951.94	4 633.83	1 318.11	22.15	2 079.63	1 511.90	567.73	27.30
2014	2 686.12	1 701.52	984.60	36.66	7 139.56	4 836.22	2 303.34	32.26	2 090.66	1 588.14	502.52	24.04

（二）灰色 GM（1，1）模型结果分析

灰色系统理论模型预测是依据过去的以及现在的数据，使未来的数据有相同的发展趋势。在没有新的作用力（如政策的传导）推动的情况下，数据上下波动的幅度也不会有太大的偏差，预测值与实际值是基本接近的，此时的预测值刚好是政策没有传导前的投影；当有作用力进入（如政策的传导），使用 GM（1，1）模型的预测值（投影）与政策传导后的实际值之间的差异，正好是本书要研究的政策传导机制运行的效应。

从表 5 - 7 中的结果可看出，2004 年前后，各项指标的实际值与预测值之间的绝对误差和相对误差均发生了较大的偏差。具体来看，粮食总产量的实际值与预测值的绝对误差和相对误差由 2004 年前的负误差变为 2004 年后的正误差；农民人均纯收入的实际值与预测值的绝对误差和相对误差由 2004 年前的较大负误差先变为 2004 年后的较小负误差，并在 2009 年实现了正误差，之后正误差呈扩大趋势；农业生产总值的实际值与预测值的绝对误差和相对误差的变化也呈现出由 2004 年之前的较大负误差先变为 2004 年后的较小负误差，并在 2007 年实现了正误差，之后正误差也呈扩大趋势。这表明，农业补贴政策传导机制运行后，大大提高了粮食产量、农民人均纯收入以及农业生产总值的实际值，使得这三项指标的实际值与预测值之间的负误差越来越小，并逐步变为正误差且正误差越来越大。这些变化特征与 2004 年开始全面实行农业补贴政策的时间段是吻合的，也说明了农业补贴政策传导机制运行的效应是积极的，表明农业补贴政策传导机制的运行是有利于粮食产量的增加、农民人均纯收入的提高以及农业经济的增长。

在这里需要说明的是，由于我国农业经济发展是受多种因素影响的，粮食增产、农民增收以及农业经济增长与农业补贴政策传导机制的运行关系密切，但也与其他农业支持政策、法律、规章制度有关，同时还离不开国内外经济环境的影响，而对模型的计算和具体项目数据统计也不可避免地会产生一定的系统误差。因此，这里利用 GM（1，1）模型测度农业补贴政策传导机制运行对粮食增产、农民增收以及农业经济增长的效应只能是一个定量化的描述，证明农业补贴政策传导机制的运行的确产生了一定的积极效应。

同时，我们也应该指出，尽管农业补贴政策传导机制的运行，取得了一定的积极效应，但仍然有一些不足之处，主要表现在：

（1）农业补贴政策传导机制运行的效应，往往需要一段时间才能显现出来，在本例中农业补贴政策传导机制运行对农民人均纯收入的提高以及农业经济增长

效应的显现，均是经过几年之后才实现的。

（2）农业补贴政策传导机制运行的效应因具体项目的不同而有所不同。具体来说，农业补贴政策传导机制的运行在促进粮食产量增加方面的效应更为显著，这也成为湖北省粮食产量实现连年增长的重要原因；农业补贴政策传导机制运行在促进农业经济增长方面的效应次之；而在促进农民人均纯收入增加方面的效应相对较差。

三、农业补贴政策传导机制运行效应的测度——以湖北省蕲春县为例

（一）模型建立

给出蕲春县 2000 ~ 2004 年粮食产量、农民人均纯收入及农业生产总值数据如表 5 - 8 所示。

表 5 - 8 蕲春县 2000 ~ 2004 年粮食产量、农民人均纯收入及农业生产总值数据

年份	原始序列	粮食产量（万吨）	农民人均纯收入（元）	农业生产总值（亿元）
2000	$x^{(0)}(1)$	33.26	2 197	9.79
2001	$x^{(0)}(2)$	34.87	2 208	10.07
2002	$x^{(0)}(3)$	31.09	2 202	10.02
2003	$x^{(0)}(4)$	29.44	2 264	9.26
2004	$x^{(0)}(5)$	36.00	2 502	10.65

资料来源：《湖北统计年鉴》。

利用表 5 - 8 中的数据为原始序列分别建立模型，利用灰色系统理论建模软件 GTMS3.0，根据灰色算法可分别得到如下 GM（1，1）模型（见表 5 - 9）。

表 5 - 9 蕲春县各指标的 GM（1，1）预测模型

考察指标	函数类别	时间响应函数
粮食产量	预测函数	$\widehat{X}^{(1)}(k+1) = 5\ 799.7957e^{0.0056k} - 5\ 766.5357$
	模拟函数	$\widehat{x}^{(0)}(k+1) = 5\ 834.6657e^{0.0056k}$
农民人均纯收入	预测函数	$\widehat{X}^{(1)}(k+1) = 50\ 144.8810e^{0.0420k} - 47\ 947.8810$
	模拟函数	$\widehat{x}^{(0)}(k+1) = 52\ 352.881e^{0.0420k}$
农业生产总值	预测函数	$\widehat{X}^{(1)}(k+1) = 970.2553e^{0.0101k} - 960.4653$
	模拟函数	$\widehat{x}^{(0)}(k+1) = 980.3253e^{0.0101k}$

然后再分别利用该模型进行残差检验和对蕲春县粮食产量、农民纯收入、农业生产总值的增长水平值拟合，其结果如表 5 - 10 所示。

表 5 - 10　　蕲春县各指标实际值与模拟值误差比较

年份	粮食产量				农民人均纯收入				农业生产总值			
	实际值	模拟值	绝对误差	相对误差（%）	实际值	模拟值	绝对误差	相对误差（%）	实际值	模拟值	绝对误差	相对误差（%）
2000	33.26	—	—	—	2 197	—	—	—	9.79	—	—	—
2001	34.87	32.57	2.30	6.60	2 208	2 151.03	56.97	2.58	10.07	9.85	0.22	2.18
2002	31.09	32.76	-1.67	-5.37	2 202	2 243.35	-41.35	-1.88	10.02	9.95	0.07	0.70
2003	29.44	32.94	-3.50	-11.89	2 264	2 339.64	-75.64	-3.34	9.26	10.05	-0.79	-8.53
2004	36.00	33.13	2.87	7.97	2 502	2 440.06	61.94	2.48	10.65	10.15	0.50	4.69

根据检验结果，我们得到这三项指标的模拟值和实际值均较为接近，其中，粮食产量平均相对误差为 7.8602%；农民人均纯收入平均相对误差为 2.5658%；农业生产总值平均相对误差为 3.9312%。因此，可以用这些模型来分析这三个指标发展的一般趋势。

在此基础上，我们运用 GM（1，1）模型得到了蕲春县粮食产量、农民人均纯收入以及农业生产总值的预测结果，如表 5-11 所示。

（二）灰色 GM（1，1）模型结果分析

根据 GM（1，1）预测结果，我们得出农业补贴政策传导机制的运行，取得了一定的积极效应。具体来看，2004 年蕲春县粮食产量的实际值与预测值之间的绝对误差和相对误差由之前的负误差立即变为正误差，且之后的正误差越来越大，表明农业补贴政策传导机制的运行在促进蕲春县粮食增产方面确实起到了立竿见影的效果；农业补贴政策传导机制的运行对于蕲春县农业生产总值增长也起到了立竿见影的效果，即 2004 年之前农业生产总值的实际值与预测值之间的绝对误差和相对误差均为负，但到 2004 年时这些误差均变为正，且之后的正误差越来越大。因此，农业补贴政策传导机制的运行在促进蕲春县农业生产总值增长方面也发挥了良好的效应；相比而言，农业补贴政策传导机制的运行在促进蕲春县农民人均纯收入增加方面所发挥的效应要差一些，农民人均纯收入的实际值与预测值的绝对误差和相对误差先由 2004 年之前逐步扩大的负误差变为 2004 年之后趋于减小的误差，直到 2008 年时才变为正误差，且之后的正误差越来越大。

从整体上来看，农业补贴政策传导机制的运行在促进蕲春县粮食增产、农民增收以及农业经济增长方面发挥了一定的积极效应，但也有不足之处，主要也是农业补贴政策传导机制运行效应的显现，有时也需要一定的时间才能显现出来；农业补贴政策传导机制运行的效应因具体项目的不同也有所不同。

四、农业补贴政策传导机制运行效应的测度——以湖北省恩施市为例

（一）模型建立

为测度恩施市农业补贴政策传导机制运行的效应，特给出恩施市 2000～2004 年粮食产量、农民人均纯收入及农业生产总值的数据资料如表 5-12 所示。

表5-11　蕲春县GM(1,1)最终预测结果

年份	粮食产量				农民人均纯收入				农业生产总值			
	实际值	预测值	绝对误差	相对误差(%)	实际值	预测值	绝对误差	相对误差(%)	实际值	预测值	绝对误差	相对误差(%)
2000	33.26	—	—	—	2 197	—	—	—	9.79	—	—	—
2001	34.87	33.32	1.55	4.45	2 208	2 544.79	-336.79	-15.25	10.07	10.25	-0.18	-1.79
2002	31.09	33.50	-2.41	-7.75	2 202	2 654.02	-452.02	-20.53	10.02	10.36	-0.34	-3.39
2003	29.44	33.69	-4.25	-14.44	2 264	2 767.94	-503.94	-22.26	9.26	10.46	-1.20	-12.96
2004	36.00	33.89	2.11	5.86	2 502	2 886.74	-384.74	-15.38	10.65	10.57	0.08	0.75
2005	35.91	34.08	1.83	5.10	2 654	3 010.65	-356.65	-13.44	11.1	10.68	0.42	3.78
2006	37.20	34.27	2.93	7.88	2 756	3 139.87	-383.87	-13.93	12.83	10.79	2.04	15.90
2007	39.31	34.46	4.85	12.34	3 055	3 274.64	-219.64	-7.19	16.00	10.89	5.11	31.94
2008	41.27	34.66	6.61	16.02	3 578	3 415.19	162.81	4.55	19.23	11.00	8.23	42.80
2009	43.91	34.86	9.05	20.61	3 898	3 561.78	336.22	8.63	23.08	11.12	11.96	51.82
2010	45.10	35.05	10.05	22.28	4 213	3 714.66	498.34	11.83	26.42	11.23	15.19	57.49
2011	47.03	35.25	11.78	25.05	4 900	3 874.10	1 025.90	20.94	32.04	11.34	20.70	64.61
2012	50.08	35.45	14.63	29.21	5 494	4 040.38	1 453.62	26.46	35.33	11.46	23.87	67.56
2013	51.5	35.65	15.85	30.78	6 247	4 213.80	2 033.20	32.55	41.26	11.57	29.69	71.96
2014	52.95	35.85	17.10	32.29	7 032	4 394.66	2 637.34	37.50	43.38	11.69	31.69	73.05

表 5 - 12　　　　　恩施市 2000～2004 年粮食产量、农民人均纯收入
及农业生产总值数据

年份	原始序列	粮食产量（万吨）	农民人均纯收入（元）	农业生产总值（亿元）
2000	$x^{(0)}(1)$	29.98	1539	9.69
2001	$x^{(0)}(2)$	27.98	1495	9.75
2002	$x^{(0)}(3)$	23.24	1512	9.51
2003	$x^{(0)}(4)$	24.21	1551	10.29
2004	$x^{(0)}(5)$	26.34	1638	11.33

资料来源：《湖北统计年鉴》。

将表 5 - 12 中的数据作为原始序列分别建立模型，利用灰色系统理论建模软件 GTMS3.0，根据灰色算法可分别得到如下 GM（1，1）模型（见表 5 - 13）。

表 5 - 13　　　　　　恩施市各指标的 GM（1，1）预测模型

考察指标	函数类别	时间响应函数
粮食产量	预测函数	$\hat{X}^{(1)}(k+1) = -1\,602.7273e^{0.0164k} + 1\,632.7073$
	模拟函数	$\hat{x}^{(0)}(k+1) = -1\,574.7473e^{-0.0164k}$
农民人均纯收入	预测函数	$\hat{X}^{(1)}(k+1) = 47\,750.0098e^{0.0305k} - 46\,211.0098$
	模拟函数	$\hat{x}^{(0)}(k+1) = 49\,245.0098e^{0.0305k}$
农业生产总值	预测函数	$\hat{X}^{(1)}(k+1) = 164.7532e^{0.0554k} - 155.0632$
	模拟函数	$\hat{x}^{(0)}(k+1) = 174.5032e^{0.0554k}$

接下来分别利用该模型进行残差检验和对恩施市粮食产量、农民纯收入、农业生产总值的增长水平值拟合，其结果如表 5 - 14 所示。

根据检验结果，我们得到这三项指标的模拟值和实际值均较为接近，其中，粮食产量平均相对误差为 6.7190%；农民人均纯收入平均相对误差为 1.0816%；农业生产总值平均相对误差为 3.0289%。因此，可以用这些模型来分析这三个指标发展的一般趋势。

在此基础上，我们运用 GM（1，1）模型得到了恩施市粮食产量、农民人均纯收入以及农业生产总值的预测结果，如表 5 - 15 所示。

表 5 - 14　恩施市各指标实际值与模拟值误差比较

年份	粮食产量				农民人均纯收入				农业生产总值			
	实际值	模拟值	绝对误差	相对误差（%）	实际值	模拟值	绝对误差	相对误差（%）	实际值	模拟值	绝对误差	相对误差（%）
2000	29.98	—	—	—	1 539	—	—	—	9.69	—	—	—
2001	27.98	26.07	1.91	6.83	1 495	1 478.77	16.23	1.09	9.75	9.38	0.37	3.79
2002	23.24	25.65	-2.41	-10.37	1 512	1 524.54	-12.54	-0.83	9.51	9.92	-0.41	-4.31
2003	24.21	25.23	-1.02	-4.21	1 551	1 571.73	-20.73	-1.34	10.29	10.48	-0.19	-1.85
2004	26.34	24.82	1.52	5.77	1 638	1 620.38	17.62	1.08	11.33	11.08	0.25	2.21

表5－15　恩施市GM（1，1）最终预测结果

年份	粮食产量			农民人均纯收入				农业生产总值			
	实际值	预测值	绝对误差	相对误差（%）	实际值	预测值	绝对误差	相对误差（%）	实际值	预测值	绝对误差	相对误差（%）
2000	29.98	—	—	—	1 539	—	—	—	9.69	—	—	—
2001	27.98	24.42	3.56	12.72	1 495	1 670.53	－175.53	－11.74	9.75	11.71	－1.96	－20.10
2002	23.24	24.02	－0.78	－3.36	1 512	1 722.24	－210.24	－13.90	9.51	12.38	－2.87	－30.18
2003	24.21	23.63	0.58	2.40	1 551	1 775.54	－224.54	－14.48	10.29	13.08	－2.79	－27.11
2004	26.34	23.24	3.10	11.77	1 638	1 830.50	－192.50	－11.75	11.33	13.82	－2.49	－21.98
2005	24.46	22.87	1.59	6.50	1 649	1 887.16	－238.16	－14.44	14.02	14.61	－0.59	－4.21
2006	22.32	22.49	－0.17	－0.76	1 849	1 945.57	－96.57	－5.22	14.40	15.44	－1.04	－7.22
2007	21.63	22.13	－0.50	－2.31	2 172	2 005.79	166.21	7.65	15.06	16.32	－1.26	－8.37
2008	21.78	21.77	0.01	0.05	2 520	2 067.87	452.13	17.94	16.37	17.25	－0.88	－5.38
2009	22.11	21.41	0.70	3.17	2 815	2 131.88	683.12	24.27	17.36	18.23	－0.87	－5.01
2010	23.01	21.07	1.94	8.43	3 250	2 197.86	1 052.14	32.37	19.43	19.27	0.16	0.82
2011	20.83	20.72	0.11	0.53	3 946	2 265.89	1 680.11	42.58	21.43	20.37	1.06	4.95
2012	22.30	20.39	1.91	8.57	4 619	2 336.02	2 282.98	49.43	22.75	21.53	1.22	5.36
2013	23.10	20.06	3.04	13.16	5 329	2 408.33	2 920.67	54.81	24.46	22.75	1.71	6.99
2014	23.39	19.73	3.66	15.65	6 032	2 482.87	3 549.13	58.84	25.52	24.05	1.47	5.76

（二）灰色 GM（1，1）模型结果分析

根据 GM（1，1）预测结果，我们得出农业补贴政策传导机制的运行，从总体上看，对恩施市的粮食产量、农民人均纯收入以及农业生产总值，均取得了一定的积极效应，但从具体项目来看，效应的实现程度又有所不同。

在粮食产量方面，根据预测值的计算结果，如果没有农业补贴政策的传导机制，农业补贴政策则很难及时传导给农民，其后果是 2004 年之后的粮食产量将会继续出现逐年递减的情况。但在农业补贴政策传导机制运行后，恩施市 2004 年之后的粮食产量呈现出"递减—递增—递减—递增"的发展态势，特别是从 2011 年以来一直保持增长态势，表明农业补贴政策传导机制的运行，在粮食产量方面的确取得了一定的积极效应。

在农民人均纯收入方面，随着农业补贴政策传导机制的运行，从 2007 年开始恩施市农民人均纯收入的实际值开始超过预测值，且之后农民人均纯收入的实际值与预测值之间的差距越来越大，表明农业补贴政策传导机制的运行在恩施市农民人均纯收入增长方面，取得了较好的效应。

在农业生产总值方面，农业补贴政策传导机制运行后，直到 2010 年恩施市农业生产总值的实际值才超过预测值，但之后几年农业生产总值的实际值与预测值之间的差值都不大，表明农业补贴政策传导机制的运行在促进恩施市农业生产总值增长方面，虽然取得了一定的积极效应，但效应发挥还不够好。

因此，从整体上来看，农业补贴政策传导机制的运行，其最终结果是促使恩施市的粮食产量增加、农民人均纯收入提高以及农业生产总值增长，但这些结果的出现均要经过几年的时间才能显现出来，表明农业补贴政策传导机制运行效应的实现存在较长的时滞。同时，从具体项目来看，农业补贴政策传导机制的运行在促进恩施市农民人均纯收入增长方面取得的效应相对较好，而在促进恩施市粮食产量增加以及农业生产总值增长方面发挥的效应还有待于进一步提高。

五、效应测度主要结论

利用 GM（1，1）模型，我们得到如下测度结论。

（1）从总体上来看，农业补贴政策传导机制的运行，取得了一定的积极效应。不管是基于湖北省的测度结果，还是基于湖北省蕲春县的测度结果以及基于湖北省恩施市的测度结果，粮食产量、农民人均纯收入以及农业生产总值这三项指标的发展变化，均呈现出实际值与预测值之间的差距越来越小，并最终实现实

际值大于预测值，且正误差越来越大。这些变化特征均表明农业补贴政策传导机制的运行取得了积极效应。

（2）从各项具体指标来看，农业补贴政策传导机制的运行所发挥的效应却是有差异的。不管是从湖北省省级层面来看，还是从湖北省蕲春县县级层面以及湖北省恩施市层面，农业补贴政策传导机制的运行在促进粮食增产、农民收入提高以及农业经济增长这三大方面的效应都是不同的。

为方便比较和分析，下面将农业补贴政策传导机制的运行在促进湖北省、湖北省蕲春县、湖北省恩施市的粮食产量增加、农民收入提高以及农业经济增长这三大方面的效应进行对比分析，对比结果如表 5－16 所示。

表 5－16　　　农业补贴政策传导机制运行的效应在不同指标间的对比结果

指标	粮食增产效应	农民增收效应	农业经济增长效应
湖北省	最好	最差	次之
湖北省蕲春县	最好	最差	次之
湖北省恩施市	最差	最好	次之

资料来源：根据测度结果整理所得。

从表 5－16 中可看出，从湖北省省级层面来看，农业补贴政策传导机制运行的粮食增产效应最好，农业经济增长效应次之，农民增收效应最差；从湖北省蕲春县县级层面看，农业补贴政策传导机制运行在不同指标间的效应差异与湖北省省级层面是一致的，即也是粮食增产效应最好，农业经济增长效应次之，农民增收效应最差。但在湖北省恩施市层面，农业补贴政策传导机制运行在不同指标间的效应差异却与湖北省以及湖北省蕲春县有很大的不同，即农民增收效应是最好的，农业经济增长效应次之，而粮食增产效应是最差的，造成这一差异的主要原因可能与恩施市的地形条件以及农产品种植结构与湖北省以及湖北省蕲春县有较大差异有关。

（3）农业补贴政策传导机制运行的效应，往往需要经过一段时间才能显现出来。具体来说，在湖北省省级层面，农业补贴政策传导机制的运行在农民人均纯收入增加以及农业经济增长方面的效应，均要经过几年才能显现出来；在蕲春县县级层面，农业补贴政策传导机制的运行在农民人均纯收入增加方面的效应也需要经过几年才能显现出来；在恩施市层面，农业补贴政策传导机制的运行在促进粮食增产方面的效应还不够稳定，而在促进农民人均纯收入增加以及农业经济增长方面的效应也需要经过几年才能显现出来。

（4）农业补贴政策传导机制运行的效应与预期相比，还有一定的差距。尽管我们从不同区域层面，验证了农业补贴政策传导机制的运行在促进粮食增产、农民增收以及农业经济增长方面均取得了一定的效应，但这些效应与政府的预期相比，还有较大的差距。如农业补贴政策传导机制的运行，并没有促使恩施市的粮食产量连续保持增产；农业补贴政策传导机制的运行在促进湖北省（全省层面）农民增收以及湖北省蕲春县（全县层面）农民增收方面的效应较差等。

从上述结论可得出，政府对新型农业经营主体的支持政策传导机制的运行，对农产品增产、农民增收以及农业经济增长均产生了较强的效应。但我们还发现，政府对新型农业经营主体的支持政策传导机制运行效应的显现往往需要较长的时间，且在不同项目上，支持政策传导机制运行的效应是有差别的，尤其是在有些项目上效应的实现程度还很低。这些表明政府对新型农业经营主体的支持政策传导机制的运行还存在一些不足，如传导机制运行存在的时滞过长，传导机制运行效应的实现与预期相比还有差距等。

第六章 政府对新型农业经营主体的支持政策传导机制运行中的问题剖析

在前文分析的基础上，本章首先指出政府对新型农业经营主体的支持政策传导机制运行中的主要问题，如传导机制运行的时滞过长，传导机制运行过度依赖行政命令模式、传导机制运行中对意见的反馈重视不够，传导机制运行的效率较低，传导机制运行效应的实现程度尚未达到预期等。其次，分析了产生这些问题的原因，主要有：上下级主体间存在利益博弈，延缓了传导机制的运行；农村市场体系不健全，影响传导机制运行模式的运用；委托—代理成本较高，影响传导机制运行的效率；各传导主体的衔接不紧密，降低传导机制运行的效率；政策吸引力不足，影响传导机制运行效应的实现程度。

第一节 政府对新型农业经营主体的支持政策传导机制运行中的问题

一、传导机制运行的时滞过长

上一章的分析结果表明，政府对新型农业经营主体的支持政策传导机制运行的效应，大多需要经过较长的时间才能显现出来，表明政府对新型农业经营主体的支持政策传导机制运行中存在的时滞过长。根据土地政策传导机制理论，土地政策传导机制运行过程中存在识别时滞、决策时滞、中间时滞以及生产时滞等。同样地，在政府对新型农业经营主体的支持政策传导机制运行过程中也存在以上四种时滞。政府对新型农业经营主体的支持政策发布后，必须经过一段时间才能传导给相关的经济主体，经济主体根据政策的变化以及农产品市场信号的指示，改变自身的投资和消费决策，从而使相关的经济变量发生变化，最终实现支持政策调控的最终目标，这就是政府对新型农业经营主体的支持政策传导机制中的"时滞效应"。

（一）政府对新型农业经营主体的支持政策传导机制中时滞的构成

政府对新型农业经营主体的支持政策传导机制中的时滞也可分为识别时滞、决策时滞、中间时滞和生产时滞等。而识别时滞和决策时滞构成了支持政策传导的内在时滞，中间时滞和生产时滞构成了支持政策传导的外在时滞。政府对新型农业经营主体的支持政策传导机制中的时滞因素如图 6 − 1 所示。

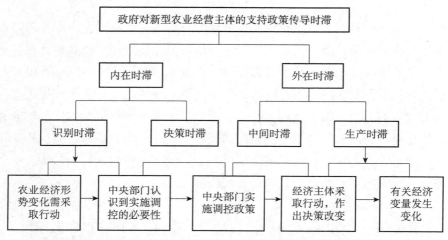

图 6 − 1　政府对新型农业经营主体的支持政策传导机制中的时滞

内在时滞是指从农业经济形势发生变化，需要采取适当的农业支持政策措施加以调控开始，到中央政府及有关管理部门决定实施农业支持政策为止的时间段；外在时滞包括中间时滞和生产时滞两部分。中间时滞是指中央有关管理部门将农业支持政策调控措施传递给地方各级农业管理部门，直到传递给经济主体为止；生产时滞是指经济主体通过作出投资和消费决策的改变，从而对宏观经济形势发挥作用的时间段。

（二）政府对新型农业经营主体的支持政策传导机制中时滞的影响因素

一是中央政府及有关管理部门对农业经济发展形势的预判能力，以及制定政策的效率。如果中央政府及有关管理部门的预判能力越强，制定政策的效率越高，则支持政策传导机制中的内在时滞就越短；反之，则内在时滞就越长。

二是中央农业管理部门的权威性。如果中央农业管理部门的权威性越大，则地方实施支持政策的阻力就越小，支持政策传导机制中的外在时滞就越短；反之，则外在时滞就越长。

三是政府对新型农业经营主体的支持政策传导机制的运行模式。如果是行政命令型的运行模式，则支持政策传导机制中的外在时滞较短；如果是市场引导型的运行模式，则外在时滞较长。

四是农产品市场的发育程度。农产品市场发育得越完全，市场机制就越健全，越有利于支持政策传导机制的运行，则支持政策传导机制中的时滞越短；反之，则支持政策传导机制中的时滞越长。

五是经济主体的反应速度。如果经济主体对农产品市场信号的反应不够灵敏，则支持政策传导机制中的时滞较长；反之，如果经济主体对农产品市场的反应非常迅速，则支持政策传导机制中的时滞较短。

需要说明的是，这些时滞的存在有时是不可避免的，但也应尽量减少这些时滞的存在时间。如果在政策的传导机制运行过程中，某些传导要素出于自身利益的考虑，人为地延长政策传导机制运行过程中的时滞，则会影响政府对新型农业经营主体的支持政策传导机制运行效应的实现。

二、传导机制运行过度依赖行政命令模式

根据前文的分析，政府对新型农业经营主体的支持政策传导机制的运行模式有行政命令型模式、市场引导型模式等。经过对这两种运行模式进行比较分析后发现，市场引导型模式更为灵活、对整体经济的冲击和影响更小。因此，在政府对新型农业经营主体的支持政策传导机制的运行模式上，最好的选择是以市场引导型模式为主，以行政命令型模式为辅。但在支持政策传导机制的运行过程中，更多的还是依靠行政命令型模式。如经过实地调研发现，我国农业补贴政策的传导实施，主要是通过上级对下级的行政命令和监督检查等手段来完成的。在这种运行模式下，各种传导要素都是本着一种完成任务的态度去工作，因而很难激发这些传导要素的工作热情和工作积极性，进而当底层政策传导主体将政策传达给政策客体（政策作用对象）时，缺乏感召力和影响力，这对政策客体在支持政策指引下积极采取行动产生严重不利影响。

三、传导机制运行中对意见的反馈重视不够

在我国，政府对新型农业经营主体的支持政策的贯彻落实，主要是依靠行政权力的强制力来实现的，即只重视政策从上到下的传导和落实，但对于政策

从下到上的信息收集以及之后的意见反馈，则很少被有关机构和部门所重视，甚至在一些地区，上级部门到农村体察民情、了解民意的时候只是走过场，没有发挥任何实质性作用，结果导致制定农业支持政策的机构和部门很少能了解新型农业经营主体对政策的真正需求，因而政府所制定并实施的支持政策与新型农业经营主体的真实需求之间就会出现一定的偏差。由于政策不能完全满足新型农业经营主体的需求，导致政策在由上到下传导给新型农业经营主体时，新型农业经营主体按照政策改变自身生产经营决策的积极性不高，甚至会出现一定的抵触情绪，最终使得支持政策传导机制运行的效应大打折扣。

四、传导机制运行的效率较低

效率与支持政策传导机制运行是否通畅密切相关。如果传导机制运行通畅，则效率较高，反之则效率较低。但在政府对新型农业经营主体的支持政策传导机制运行过程中，以下状况的出现，导致支持政策传导机制的通畅运行出现问题。一是地方政府（政策经营权人）与中央政府（政策所有权人）之间基于不同的利益考虑，导致地方政府有可能敷衍地执行，甚至是不执行中央政府作出的政策选择；二是地方政府及管理部门在传导支持政策的过程中，彼此缺乏协调和合作，甚至出现互相推诿的现象发生，结果使得支持政策传导机制的运行出现不畅，从而影响支持政策传导机制运行的效率。

五、传导机制运行效应的实现尚未达到预期

经过前文分析，政府对新型农业经营主体的支持政策传导机制的运行，对农业经济发展产生了一定的积极效应，但和中央政府在出台这些支持政策时制定的预期效应相比，还有一定的差距。根据上一章的测度结果，从湖北省和湖北省蕲春县两个层级来看，农业补贴政策传导机制的运行在促进农民增收方面的效应较差，虽然数据表明湖北省和湖北省蕲春县的农民人均纯收入每年都在增加，但从收入结构上看造成这一结果的主要原因是农民工资性收入的增长。从湖北省恩施市层面来看，农业补贴政策传导机制的运行在促进粮食增产方面的效应较差。粮食增产是确保粮食安全和农产品供给充足的重要基础，但恩施市粮食产量的变化还不够稳定。这些结果表明，政府对新型农业经营主体的支持政策传导机制运行效应的实现程度还有待于进一步提高。

第二节　政府对新型农业经营主体的支持政策传导
机制中存在问题的原因分析

一、利益集团间存在利益博弈，延缓传导机制的运行

新制度经济学指出，一项制度能否顺利运行，关键取决于利益集团之间的相互作用。在政府对新型农业经营主体的支持政策传导机制运行过程中，存在中央政府、地方政府以及政策客体等利益集团。由于自身效用最大化的考虑，这些利益集团之间在传导支持政策过程中存在利益博弈行为或目标上的冲突，从而延缓了传导机制的运行。

在政府对新型农业经营主体的支持政策传导机制中，中央政府负责制定并颁布农业支持政策，而政策出台后的具体指标分解及贯彻传达则由地方政府细化实施。因而，中央政府是农业支持政策的制定者，而地方政府是农业支持政策的实施者。这样，我们可将中央政府看作是农业支持政策的所有权人，而地方政府是农业支持政策的经营权人。

根据委托—代理理论，农业支持政策在传导机制运行过程中存在所有权和经营权的分离，由于受信息不对称的影响，地方政府在传导农业支持政策过程中，很可能受地方经济利益的驱动，而忽略社会的整体利益和宏观经济效益，"上有政策、下有对策"地敷衍中央政府制定的政策，进而造成地方政府在传导农业支持政策过程中的偏差行为。这种偏差行为的出现，不仅直接导致地方政府在传导农业支持政策过程中偏离了中央政府所预设的轨道，后果轻则延长中央政府通过政策调控实现预期目标的进程，重则根本不可能实现中央政府设定的预期目标，最终使得政府对新型农业经营主体的支持政策传导机制的运行效果严重受损。

二、农村市场体系发育不健全，影响传导机制运行模式的运用

党的十八届三中全会指出，要让市场在资源配置中起决定性作用，进一步完善社会主义市场经济体制。但不可否认的是，我国农村市场体系的发育还很不健全，即使是新型农业经营主体在生产经营农产品时的市场判断意识也不强，往往是盲目生产，结果造成"谷贱伤农"现象时有发生，再加上有些农民自身的素质普遍不高，严重影响了市场引导型模式在支持政策传导机制中的有效运用。这样一来，更多的支持政策传导只能被迫通过行政命令的方式来运行，结果导致对

农业市场的冲击较大，大大降低政府对新型农业经营主体的支持政策传导机制的运行效果，不利于农业经济的持续健康稳定发展。

三、委托—代理成本较高，影响传导机制运行的效率

在政府对新型农业经营主体支持政策传导机制的运行过程中，政策制定主体和政策传导实施主体的分离是其突出特点。根据委托—代理理论，政策制定主体可看作是政策的所有权人，政策传导实施主体可看作是政策的经营权人。由于所有权人和经营权人的分离，经营权人出于自身利益最大化的考虑，极有可能作出偏离政策所有权人期望和意愿的政策传导实施行动，从而不利于支持政策传导机制运行最终目标的实现。显然，这一结果是政策所有权人非常不愿意看到的。因此，政策所有权人必然会采取相应的行动，以防止政策经营权人偏离其预期目标的政策传导实施行动的发生。对政策所有权人来说，采取的行动包括监督政策经营权人的行动，测度政策经营权人传导实施政策后产生的效益，制定政策传导实施的规则以及相应的奖惩机制，与政策经营权人签订责任状，使政策经营权人传导实施政策的行动符合政策所有权人的意愿等。虽然通过以上行动的努力，政策所有权人的利益损失会降到最低。但在采取这些行动的过程中，将要支付高昂的委托—代理成本，具体包括政策所有权人监督政策经营权人行动的费用，为测度政策经营权人效益而发生的测度费用，制定政策传导实施规则的费用以及激励政策经营权人发生的费用，政策经营权人为保证政策的传导实施按照政策所有权人的意愿行动而支付的保证费用以及若政策经营权人违约后支付的违约费用。除此之外，委托—代理成本中还包括因政策经营权人决策与政策所有权人期望的决策存在偏差而使政策所有权人遭受的剩余损失。

过高的委托—代理成本，不仅影响了政府对新型农业经营主体的支持政策传导机制的正常运行，也大大降低了这些支持政策传导机制运行的效率。

四、各传导主体的衔接不紧密，降低传导机制运行的效率

根据前文分析，在政府对新型农业经营主体的支持政策传导机制运行过程中，存在着上下级主体之间的委托—代理关系，从而导致支持政策传导机制运行的委托—代理成本过高，进而影响支持政策传导机制的运行效率。除此之外，各个下级主体之间，尤其是县级政府及管理部门之间缺乏有效的衔接和沟通，进一步降低了支持政策传导机制运行的效率。县级政府及管理部门是支持政策贯彻落实的重要实施主体，因为县级政府及管理部门与农户、农产品加工企业、农业生

产专业合作社以及家庭农场的联系最为紧密，可以说，县级政府及管理部门对农业支持政策的每一个动作、每一个行为都会对农业支持政策的传导客体产生影响。但经过调研发现，县级政府及管理部门在实施农业支持政策过程中缺乏必要的合作和沟通，甚至是出于自身的利益而行事，如农业生产活动涉及国土、水利、财政、农业等部门的密切合作和配合，但这些部门往往从自身利益出发，如水利部门修建水渠时，并没有把考虑水渠的长期使用放在首位，而是把自己能从修建水渠过程中获得多少好处，放在首位，从而导致修建的水渠大多是"豆腐渣工程"，用不了一两年，就得重新再修，严重损害了农民的利益。国土部门往往也是出于自身利益考虑，在地块整合方面也没有倾其全力，不利于农业的规模化经营。商务部门也没有对农产品的生产、销售提供有针对性强的信息服务。而农业部门则只是在自己的职责范围内活动，并没有将这些部门召集起来，共同探讨如何落实好上级传达的农业支持政策，以促进这些支持政策传导机制的顺利运行。这些现象的出现，其结果是政府对新型农业经营主体的支持政策传导机制运行效率的低下。

五、政策吸引力不足，影响传导机制运行效应的实现程度

近年来，党和国家逐年加大了农业支持力度，出台了范围更广的农业支持政策，增加了各项财政支农资金投入。这些变化对我国农业的发展显然是好事，理应可以提升政府对新型农业经营主体的支持政策传导机制运行的效应。但经过效应测度发现，政府对新型农业经营主体的支持政策传导机制运行的效应距离预期目标还有一定的差距，其中的重要原因是尽管在我国工业化、城镇化过程中，我国农民总量有所减少，但由于我国农民的总体基数过于庞大，导致从总体上看不算很少的财政支农资金，分配到每一个新型农业经营主体手上，就显得吸引力不够。新型农业经营主体获得的这些补贴，远远赶不上农资成本上升的速度，更不用说赚取不错的利润了，结果是这些新型农业经营主体的发展受到严重限制，进而对于政府出台的新型农业经营主体的支持政策传导机制运行效应的实现产生严重不利影响。

第七章 完善政府对新型农业经营主体的
支持政策传导机制的思路与建议

本章将在前文分析的基础上，首先，从协调各传导要素之间的关系、加大各项支持政策力度两方面提出完善政府对新型农业经营主体的支持政策传导机制的总体思路；其次，提出了完善政府对新型农业经营主体的支持政策传导机制的具体建议。

第一节 总体思路

一、协调各传导要素之间的关系

政府对新型农业经营主体的支持政策传导机制的顺畅运行需要多种力量、多个因素的紧密合作与密切配合。只有支持政策传导机制运行通畅了，才有助于支持政策传导机制预期目标的实现。因此，在政府对新型农业经营主体的支持政策传导机制运行过程中，要积极协调各方面的利益，并理顺支持政策传导主体、传导客体之间的关系，并加强支持政策传导主体、传导客体之间的信息交流和沟通，密切支持政策传导机制运行过程中各部门之间的联系和合作，有效缩短支持政策传导机制运行的各项时滞，努力实现政府对新型农业经营主体的支持政策传导机制的畅通运行，以实现农业经济的又好又快发展。

二、加大各项支持政策力度

政府对新型农业经营主体的支持政策传导机制运行不畅的结果，与支持政策力度有很大关系。尽管从总体上看政府对新型农业经营主体的支持政策力度在逐年加大，但从每个新型农业经营主体角度看，支持政策的力度依然偏小，以至于对新型农业经营主体没有形成足够的吸引力，不能积极有效地引导新型农业经营主体根据农业支持政策的变化来调整自己的农业生产和决策行为，从而影响了这些支持政策传导机制的运行。只有进一步加大各项农业支持政策的力度，才能有效促使新型农业经营主体积极响应农业支持政策的号召，做出投资和决策行为的改变，实现政府对新型农业经营主体的支持政策传导机制的运行目标。

第二节　具体建议

一、加强底层政策主体与客体间的沟通，促进传导机制运行通畅

在农业支持政策传导机制运行过程中，底层政策主体与政策客体之间的距离最近，但同时这两个政策传导要素之间的矛盾却是最多的。造成这一状况的主要原因是底层政策主体与政策客体之间的沟通交流不够，导致底层政策主体在向政策客体传导政策时，政策客体可能会有一定的抵触情绪，从而增加政策传导机制运行的时滞。因此，为减少这一时滞，畅通政府对新型农业经营主体的支持政策传导机制运行，底层政策主体与政策客体应经常沟通交流，为此，底层政策主体应及时向政策客体传达、讲解和分析上级主体制定的农业支持政策，并在农业支持政策资金的分配和使用上做到公平、公正、公开、透明，同时要经常下去走访了解民意，并对政策客体提出的意见和建议及时给予回复。政策客体要积极学习上级主体制定的农业支持政策，有问题、有想法、有意见应采取合理的方式和途径与底层政策主体进行交流。这样，就可在底层政策主体与政策客体之间形成良好沟通的氛围，有效缩短政策传导机制运行的时滞，促进传导机制的通畅运行。

二、设计合理的激励约束机制，降低委托—代理成本

前文多次提到，在政府对新型农业经营主体的支持政策传导机制运行过程中，由于政策所有权人和政策经营权人的分离，增加了支持政策传导机制运行中的时滞因素。因此，为保证支持政策传导机制的顺利运行，政策所有权人和政策经营权人共同支付了高昂的委托—代理成本，从而影响了传导机制运行的效率。而要提高支持政策传导机制运行的效率，必须在降低委托—代理成本方面狠下功夫。为此，应在政策所有权人与政策经营权人之间建立合理的激励约束机制。一方面，政策所有权人可以在政策经营权人传导支持政策前，向政策经营权人出台具有吸引力的激励政策，积极引导政策经营权人按政策所有权人的意愿传导政策，从而降低政策所有权人的监督费用和因政策经营权人的执行偏差而发生的

"剩余损失"费用。另一方面，政策所有权人还可通过建立严格的约束机制，以规范政策经营权人传导政策的具体行动，这样一来，政策经营权人发生"失责"行为的可能性就会大大降低，从而减少政策经营权人因行为"失责"而需要交纳的惩罚费用。同时，在合理的激励约束机制下，政策所有权人和政策经营权人之间的合作大于分歧，从而有利于减少政策经营权人向政策所有权人交纳的保证费用。因此，通过设计合理的激励约束机制，可减少多项委托—代理费用，从而大大降低委托—代理成本，其结果是在减少支持政策传导机制运行时滞的同时，提高传导机制运行的效率。

三、积极培育农村市场体系，完善传导机制运行模式

根据前文分析，由于我国农村市场体系发育很不健全，导致政府对新型农业经营主体的支持政策传导机制在运行模式上的选择余地很小，在大多数情况下只能依靠行政命令型的运行模式来进行，这对于支持政策传导机制的发展和完善是极为不利的。因此，应努力培育农村市场体系，为市场引导型运行模式的更多运用创造条件。为此，应积极提高新型农业经营主体的综合素质，给新型农业经营主体提供更多的了解市场、分析市场的学习机会，提高他们的市场分析判断能力；积极推进以农村电子商务平台为代表的农村市场信息化建设，及时公布农产品市场交易情况的变化，让新型农业经营主体可以从更多渠道了解市场信息；鼓励新型农业经营主体根据农产品市场行情的变化，作出农业生产和投资决策的改变等。通过农村市场体系的培育和壮大，为政府对新型农业经营主体的支持政策传导机制的运行模式提供更多选择，最终促进农业发展。

四、加强涉农部门间的协调配合，提高传导机制运行的效率

前文分析表明，由于涉农部门间缺乏协调配合，导致各种农业支持政策资源没有有效整合，结果是一方面浪费了农业支持政策资源，另一方面延长了政府对新型农业经营主体的支持政策传导机制运行产生效果的时间间隔，甚至会使得支持政策传导机制运行产生负的效果，严重不利于支持政策传导机制运行效率的提升。因此，在政府对新型农业经营主体的支持政策传导机制运行过程中，必须注重各涉农部门之间的协调配合，可以委托农业部门牵头，将水利部门、财政部门、国土资源部门等部门召集起来，共同商议利用好支持政策的方法和策略，努力发挥支持政策对政策作用对象的帮扶带动作用，有效提升政府对新型农业经营主体的支持政策传导机制运行的效率。

五、增加支持政策吸引力，提升传导机制运行的效应

尽管近几年我国从政策上大力支持"三农"发展，每年在"三农"领域的投入也逐年增加。但由于我国农业人口基数过于庞大，上千亿甚至过万亿的支农资金分配到每个农户、每个新型农业经营主体手中，就变成了数额很小的支农资金，而这对于日益增长的农业生产经营成本来说，仍然显得微不足道，因而激发农民，尤其是新型农业经营主体从事农业生产经营的效应并不是十分明显，从而对于农产品产量增加的效应以及农民增收的效应，都不是非常突出。因此，需要政府及有关管理部门进一步加大农业支持力度，增加财政支农资金总量，尤其是要在农业科技和农村金融等方面增加对"三农"领域的支持力度，对农民，尤其是新型农业经营主体形成强有力的政策吸引，在实现支持政策传导机制顺利运行的过程中，积极提高支持政策传导机制运行的效应，以促进农业经济又好又快发展。

参考文献

［1］白凌子等：《农业支持政策的国内外比较研究》，载于《北京农学院学报》2013 年第 3 期，第 37～40 页。

［2］蔡昉：《城乡收入差距与制度变革的临界点》，载于《中国社会科学》2003 年第 5 期。

［3］曹帅等：《中国农业补贴政策变动趋势及其影响分析》，载于《公共管理学报》2012 年第 4 期，第 55～63 页。

［4］陈家骥、杨国玉、武小惠：《论农业经营大户》，载于《中国农村经济》2007 年第 4 期。

［5］陈锡文：《当前农村改革发展的形势和总体思路》，载于《浙江大学学报（人文社会科学版）》2009 年第 4 期。

［6］陈锡文：《正解农村改革——农村改革三大问题》，载于《中国改革》2010 年第 10 期。

［7］陈锡文等：《中国农村公共财政制度》，中国发展出版社 2005 年版。

［8］程国强：《创新农业补贴方式加大政策支持力度》，载于《农业工程技术》2015 年第 5 期。

［9］程国强：《中国农业补贴制度设计与政策选择》，中国发展出版社 2011 年版。

［10］程国强：《中国农业补贴制度与政策选择》，载于《管理世界》2012 年第 1 期。

［11］程名望、事清华、徐剑侠：《中国农村劳动力转移动因与障碍的一种解释》，载于《经济研究》2006 年第 4 期。

［12］董运来等：《国外农业支持政策及其对中国的启示》，载于《世界农业》2012 年第 10 期，第 54～60 页。

［13］杜辉等：《中国新农业补贴制度的困惑与出路：六年实践的理性反思》，载于《中国软科学》2010 年第 7 期。

［14］杜江、王雅鹏：《我国农业机械化发展影响因素分析》，载于《农业经济》2005 年第 3 期。

［15］杜润生：《中国农村制度变迁》，四川人民出版社 2003 年版。

［16］高峰、罗毅丹：《我国农业补贴政策调整研究》，载于《甘肃社会科学》2006 年第 2 期。

［17］高峰、王学真、羊文辉：《农业投入品补贴政策的理论分析》，载于《农业经济问题》2004 年第 8 期。

［18］谷征：《我国农业支持政策对农民收入影响测评》，载于《农村经济》2014 年第 11 期。

［19］郭霙、李晓玲：《WTO 争端裁决对我国农业支持政策的影响分析》，载于《南京农业大学学报（社会科学版）》2012 年第 2 期。

［20］郭敏、屈艳芳：《农户投资行为实证研究》，载于《经济研究》2002 年第 6 期。

［21］郭震：《影响农民选择务农或外出打工的因素》，载于《城市问题》2013 年第 3 期。

［22］韩长赋：《科学把握农业农村发展新形势》，载于《求是》2013 年第 7 期。

［23］韩剑锋、魏宇慧：《我国农机购置补贴政策增收效应实证分析》，载于《西安电子科技大学学报》（社会科学版）2010 年第 5 期。

［24］韩剑锋：《我国农机购置补贴政策对农民收入的影响分析》，载于《生产力研究》2010 年第 3 期。

［25］韩俊：《建立和完善社会主义新农村建设的投入保障机制》，载于《宏观经济研究》2006 年第 3 期。

［26］何慧刚、何诗萌：《中国货币政策传导机制的效应分析》，载于《云南社会科学》2012 年第 6 期，第 73 ~ 77 页。

［27］何忠伟：《中国农业补贴政策的绩效与体系研究》，中国农业科学院博士论文 2005 年版。

［28］侯立白、李新然：《农村发展研究方法》，中国农业出版社 2010 年版。

［29］侯玲玲、穆月英、张春晖：《中国农业补贴政策及其实施效果分析》，载于《中国农学通报》2007 年第 10 期。

［30］皇锦文：《发达国家农机补贴政策的成功经验对我国的启示》，载于

《农机质量与监督》2012 年第 4 期。

[31] 黄季焜等：《粮食直补和农资综合补贴对农业生产的影响》，载于《农业技术经济》2011 年第 1 期，第 4~12 页。

[32] 黄季鲲、李宁辉：《中国农业政策分析和预测模型——CAPSiM》，载于《南京农业大学学报（社会科学版）》2003 年第 2 期。

[33] 贾丽平：《流动性波动影响我国货币政策传导机制的实证检验》，载于《国际金融研究》2015 年第 7 期，第 44~54 页。

[34] 蒋学雷等：《新农业政策的经济影响分析》，载于《农业经济问题》2005 年第 12 期。

[35] 靖继鹏、张向先、李北伟：《信息经济学》（第二版），科学出版社2007 年版。

[36] 柯炳生：《加入 WTO 与我国农业发展》，载于《中国农村经济》2002年第 1 期。

[37] 柯炳生：《正确认识和处理发展现代农业中的若干问题》，载于《中国农村经济》2007 年第 9 期。

[38] 科斯、诺思等：《制度、契约与组织：从新制度经济学角度的透视》，经济科学出版社 2003 年版。

[39] 匡远配：《农村劳动力流动影响粮食安全的新解释》，载于《人口与经济》2010 年第 5 期。

[40] 黎海波：《韩国如何发展农业机械化》，载于《国外农业》2007 年第6 期。

[41] 黎海波：《日本农业机械化的发展与国家扶持经验》，载于《山东农机》2005 年第 8 期。

[42] 李红：《各国农机购置补贴政策对中国的启示》，载于《世界农业》2008 年第 7 期。

[43] 李焕彰、钱忠好：《财政支农政策与中国农业增长：因果与结构分析》，载于《中国农村经济》2004 年第 8 期。

[44] 李明贤、樊英：《粮食主产区农民素质及其种粮意愿分析——基于 6个粮食主产省 457 户农户的调查》，载于《中国农村经济》2013 年第 6 期。

[45] 李宁：《我国农机购置补贴对粮食生产成本收益影响分析》，载于《价格理论与实践》2010 年第 3 期。

［46］李鹏、谭向勇：《粮食直接补贴政策对农民种粮净收益的影响分析——以安徽省为例》，载于《农业技术经济》2006 年第 1 期。

［47］李伟毅、赵佳：《多维视角下的中外农业直接补贴政策比较研究》，载于《世界农业》2013 年第 3 期。

［48］李细建、廖进球：《有限理性视角下的地方政府行为分析》，载于《社会科学家》2009 年第 10 期。

［49］李先德：《法国农业公共支持》，载于《世界农业》2003 年第 12 期，第 27～29 页。

［50］李岩、孙宝玉：《我国农业政策演变及对农业经济的影响》，载于《农业经济》2012 年第 5 期。

［51］梁世夫：《粮食安全背景下直接补贴政策的改进问题》，载于《农业经济问题》2005 年第 4 期。

［52］林毅夫：《"三农"问题与我国农村的未来发展》，载于《农业经济问题》2003 年第 1 期。

［53］刘冬梅、郭强：《我国农村科技政策回顾、评价与展望》，载于《农业经济问题》2013 年第 1 期。

［54］刘合光、秦富：《完善我国农业补贴政策的思考》，载于《中国国情国力》2015 年第 6 期。

［55］刘鹏凌、栾敬东：《安徽省粮食补贴方式改革效果的调查与分析》，载于《农业经济问题》2004 年第 9 期。

［56］刘思峰：《灰色理论及其应用》，科学出版社 2000 年版。

［57］卢明湘：《农业机械化对区域农业生产影响的实证分析——以四川省射洪县为例》，载于《江苏农业科学》2011 年第 6 期。

［58］卢为民：《宏观调控中的土地政策传导机制》，载于《浙江学刊》2010 年第 3 期。

［59］卢现祥：《新制度经济学》（第二版），武汉大学出版社 2011 年版。

［60］马爱慧、张安录：《农业补贴政策效果评价与优化》，载于《华中农业大学学报》（社会科学版）2012 年第 3 期。

［61］马彦丽、杨云：《粮食直补政策对农户种粮意愿、农民收入和生产投入的影响——一个基于河北案例的实证研究》，载于《农业技术经济》2005 年第 3 期。

［62］毛燕玲、肖教燎：《系统论视角下的土地政策传导机制构建》，载于

《江西社会科学》2015 年第 2 期。

［63］裴新民：《美国农业现代化、农机化建设经验的启示》，载于《新疆农机化》2009 年第 4 期。

［64］彭代彦：《农业机械化与粮食增产》，载于《经济学家》2005 年第 3 期。

［65］彭慧蓉、钟涨宝：《建国六十年我国农业补贴政策演变轨迹及逻辑转换》，载于《经济问题探索》2010 年第 11 期。

［66］彭慧蓉、钟涨宝：《新中国农业补贴政策的阶段性分解与分析》，载于《农村经济》2010 年第 1 期。

［67］齐皓天、彭超：《我国农业政策如何取向：例证美农业法案调整》，载于《重庆社会科学》2015 年第 1 期。

［68］钱克明：《2004 年"中央一号文件"执行效果分析》，载于《农业经济问题》2005 年第 2 期。

［69］［美］乔治·施蒂格勒：《信息经济学》，上海人民出版社 1989 年版。

［70］邱力生：《我国货币政策传导渠道梗阻症结及对策探索》，载于《金融研究》2000 年第 12 期，第 63～66 页。

［71］邱立新：《节能减排政策传导机制与效应评价》，载于《科技管理研究》2012 年第 7 期。

［72］施锡铨：《博弈论》，上海财经大学出版社 2002 年版。

［73］宋亚平：《规模经营是农业现代化的必由之路吗?》，载于《江汉论坛》2013 年第 4 期。

［74］宋艳林：《我国土地市场发育的三方博弈分析》，载于《生产力研究》2007 年第 3 期。

［75］速水佑次郎、神门善久：《农业经济论》，中国农业出版社 2003 年版。

［76］孙鸿志：《美国农业现代化进程中的政策分析》，载于《山东社会科学》2008 年第 2 期。

［77］谭娟、许霞：《惠农政策信息传输与反馈的问题及其改进》，载于《湖南农业大学学报（社会科学版）》2010 年第 2 期。

［78］唐在富：《中央政府与地方政府在土地调控中的博弈分析》，载于《当代财经》2007 年第 8 期。

［79］完世伟：《农机化财政扶持的国际经验及借鉴》，载于《中国农机化》2006 年第 3 期。

［80］王春超：《增加农民收入的关键因素及主要对策》，载于《经济科学》2004年第1期。

［81］王姣、肖海峰：《我国良种补贴、农机补贴和减免农业税政策效果分析》，载于《农业经济问题》2007年第2期。

［82］王姣、肖海峰：《中国粮食直接补贴政策效果评价》，载于《中国农村经济》2006年第12期。

［83］王璐、瞿楠：《货币政策中介目标选择——基于金融创新和利率市场化的视角》，载于《河北经贸大学学报》2016年第2期，第58~67页。

［84］王世群：《美国农业政策内涵、发展阶段与演化逻辑的探讨》，载于《农业经济》2013年第3期。

［85］王思舒、王志刚、钟意：《我国农业补贴政策对农产品生产的保护效应研究》，载于《经济纵横》2011年第4期。

［86］王为农：《成本快速上升背景下农业补贴政策建议》，载于《宏观经济研究》2009年第6期。

［87］王文娟：《新形势下我国农业补贴政策的思考》，载于《中国行政管理》2011年第7期。

［88］王裕雄、张正河：《刘易斯转折点与中国农业政策调整——基于东亚国家和地区的经验借鉴》，载于《南京农业大学学报（社会科学版）》2003年第2期。

［89］韦春艳、秦荣彬：《公共政策执行监督的困境及其解决对策》，载于《辽宁行政学院学报》2009年第7期。

［90］魏勤芳：《美国农业科技体系及运行机制》，载于《中国农业大学学报（社会科学版）》2005年第2期。

［91］温铁军：《中国农业发展方向的转变和政策导向》，载于《农业经济问题》2010年第10期。

［92］吴海涛、霍增辉、臧凯波：《农业补贴对农户农业生产行为的影响分析》，载于《华中农业大学学报（社会科学版）》2015年第5期。

［93］吴连翠、谭俊美：《粮食补贴政策的作用路径及产量效应实证分析》，载于《中国人口·资源与环境》2013年第9期。

［94］肖教燎、贾仁安、毛燕玲：《土地调控政策：传导机制与理论命题》，载于《江西社会科学》2010年第3期。

［95］肖教燎：《土地政策传导机制与路径的分析与仿真——以江西省为

例》，南昌大学博士学位论文 2010 年版。

[96] 肖琴：《农业补贴政策的有效性研究及其政策改革分析——基于顺序 logistic 模型的分析》，载于《工业技术经济》2011 年第 3 期。

[97] 谢红岭：《农业机械对农业增长和农民增收的影响研究》，载于《广东农业科学》2013 年第 5 期。

[98] 谢平、徐忠：《公共财政、金融支农与农村金融改革——基于贵州省及其样本县的调查分析》，载于《经济研究》2006 年第 4 期。

[99] 辛翔飞、秦富：《影响农户投资行为因素的实证分析》，载于《农业经济问题》2005 年第 10 期。

[100] 熊波：《美国农业机械化发展概况》，载于《当代农机》2010 年第 6 期。

[101] 徐厦楠：《论我国货币政策传导中的利率机制》，载于《金融理论与实践》2004 年第 8 期，第 9 ~ 11 页。

[102] 杨敏丽、白人朴：《建设现代农业与农业机械化发展研究》，载于《农业机械学报》2005 年第 7 期。

[103] 杨敏丽、涂志强、沈广树：《国外农业机械化法规及支持政策》，载于《中国农机化》2005 年第 2 期。

[104] 姚耀军：《中国农村金融改革绩效评价》，载于《江苏社会科学》2006 年第 1 期。

[105] 叶兴庆：《"十三五"时期农产品价格支持政策改革的总体思路与建议》，载于《中国粮食经济》2016 年第 1 期。

[106] 易红梅、易法海、乔雯等：《农民增收的主要政策效应分析》，载于《统计与决策》2005 年第 6 期。

[107] 应瑞瑶、郑旭媛：《资源禀赋、要素替代与农业生产经营方式转型——以苏、浙粮食生产为例》，载于《农业经济问题》2013 年第 12 期。

[108] 余婧：《中国货币政策传导机制研究：理论与证据》，复旦大学博士学位论文 2011 年版。

[109] 袁国敏：《经济政策评价》，中国经济出版社 2006 年版。

[110] 袁海平：《确保新时期我国粮食安全的战略对策研究》，载于《农业经济问题》2011 年第 6 期。

[111] 张光、程同顺：《美国农业政策及其对中国的影响和启示》，载于《调研世界》2004 年第 10 期。

［112］张海阳、宋洪远：《农户的种粮行为与政策需求——对粮食主产区 6 县市 300 多个农户的调查分析》，载于《改革》2005 年第 4 期。

［113］张建杰：《粮食主产区农户粮作经营行为及其政策效应》，载于《中国农村经济》2008 年第 6 期。

［114］张建忠：《中国农业支持政策分析决策系统框架设计思考》，载于《中国农业科技导报》2009 年第 4 期。

［115］张庆、刘成玉：《"空心化"对我国农业科技推广体系：影响与对策》，载于《中国科技论坛》2007 年第 5 期。

［116］张维迎：《博弈论与信息经济学》，上海人民出版社 2004 年版。

［117］张文律：《农村产权抵押融资的制度经济学分析》，载于《西北农林科技大学学报（社会科学版）》2012 年第 4 期。

［118］张兴华、熊菊喜：《我国农业劳动力供求状况与粮食安全》，载于《改革与战略》2014 年第 8 期。

［119］张照新、陈金强：《我国粮食补贴政策的框架、问题及政策建议》，载于《农业经济问题》2007 年第 7 期。

［120］赵涛：《商业银行信贷增长与货币政策传导》，载于《金融发展研究》2008 年第 12 期，第 72 ~ 73 页。

［121］钟甫宁：《农民角色分化与农业补贴政策的收入分配效应》，载于《管理世界》2008 年第 5 期。

［122］周国雄：《地方政府政策执行主观偏差行为的博弈分析》，载于《社会科学》2007 年第 8 期。

［123］周黎安：《晋升博弈中政府官员的激励与合作——兼论我国地方保护主义和重复建设问题长期存在的原因》，载于《经济研究》2004 年第 6 期。

［124］周宁、陈超：《中国农业科研投资效率的区域研究》，载于《农业技术经济》2009 年第 2 期。

［125］朱满德等：《加拿大农业支持政策改革的效果及其启示》，载于《湖南农业大学学报》（社会科学版）2014 年第 5 期，第 61 ~ 69 页。

［126］朱四海：《我国农业政策演变的两条基本线索》，载于《农业经济问题》2005 年第 11 期。

［127］宗锦耀：《我国农业机械化发展形式与政策》，载于《农机科技推广》2012 年第 11 期。

［128］宗义湘、李先德：《中国农业政策对农业支持水平的评估》，载于

《中国软科学》2006 年第 7 期。

[129] 宗义湘：《加入 WTO 前后中国农业政策演变及效果》，中国农业科学技术出版社 2007 年版。

[130] 宗义湘：《刘易斯转折点与中国农业政策调整——基于东亚国家和地区的经验借鉴》，载于《南京农业大学学报（社会科学版）》2003 年第 2 期。

[131] Abell M, Cedillo P. Mechanization in Asia: Statistics and Principles for Success. *Agricultural Mechanization in Asia, Africa and Latin America*, 1999, 30 (4): 70 – 75.

[132] Akerlof, G. The Market for Lemons: Quality Uncertainly and the Market Mechanism. *Quarterly Journal of Economics*, 1970, 84 (8): 485 – 500.

[133] Amos A. Akinola. Government Tractor Hire Service Scheme as a Tractorization Policy in Africa: The Nigerian Experience. *Agricultural Administration and Extension*, Vol. 25, Issue 2, 1987: 63 – 71.

[134] Barro, Robert J. Government Spending in Simple Model of Endogenous Growth . *Journal of Political Economy*, 1990, 98 (5): 103 – 125.

[135] Binswanger, Hans. The Policy Response of Agriculture. Proceedings of the World Bank Annual Conference on Development Economics. 1989.

[136] Boyd Robert, Richerson Peter. Group Beneficial Norms can Spread rapidly in a Structured Population. *Journal of Theoretical Biology*, 2002, 215.

[137] Buchanan, J. M. The Demand of Supply of Public Goods. The library of Economics and Liberty, 1968.

[138] Carney, D. The Changing Public Role in Services to Agriculture: a Framework for Analysis. *Food Policy*, 1995, 20 (6): 521 – 528.

[139] Carrascal, M. J. and L. F. Pau. Knowledge and Information Transfer in Agriculture Using Hypermedia: a System Review. *Computers and Electronics in Agriculture*, 1995. 12 (2): 83 – 119.

[140] Chantal Le Mouel. Impacts of Alternative Agricultural Income Support Schemes on Multiple Policy Goals. *European Review of Agricultural Economics*, June 2004, Vol. 31, Issue 2: 125 – 148.

[141] Chen, D. , Zhang, Y. , Peng, Y. and J. Chen. Research and Implementation of a Configuration and Management System based on Service Platform. *Procedia Engineering*, 2012, 29: 3472 – 3477.

［142］Cole R. Gustafson, Peter J. Barry, and Steven T. Sonka Western, Machinery Investment Decisions: A Simulated Analysis for Cash Grain Farms, *Journal of Agricultural Economics*, 1988, 13 (2): 244 – 253.

［143］Cox, S. Information Technology: the Global Key to Precision Agriculture and Sustainability. *Computers and Electronics in Agriculture*, 2002, 36 (2): 93 – 111.

［144］Drury, R. Tweeten, L.: The Costs and Benefits of Information. *Simon and Schuster*, 2001, Vol. 19, No. 5: 26.

［145］Ellis, F. Agricultural Policy in Developing Countries, London: The University of Cambridge, 2001.

［146］F R. Leival, J. Morris. Mechanization and Sustainability in Arable Farming in England. *Agricultural Engineering Research*, 2001, 79 (1): 81 – 90.

［147］Food and Agriculture Organization of the United Nations. *Trade Reforms and Food Security: Conceptualizing the Linkages*, Rome, FAO, 2003, P. 28.

［148］Gale, H. F., Lohmar, B. and F. C. Tuan. China's New Farm Subsidies, Outlook Report No. WRS – 05 – 01, *Economic Research Service*, *U. S. Department of Agriculture*, Washington D. C., Feb. 2005.

［149］Ian M. Sheldon, Daniel H. Pick, Steve Mc. Corriston. Export Subsidies and Profit-Shifting in Vertical Markets. *Journal of Agricultural and Resource Economics*. 2001 (7): 125 – 141.

［150］John Baffes & Harry De Gorter. Disciplining Agricultural Support through Decoupling. *World Bank Policy Research Working Paper*, 2005, (3): 3533.

［151］John Kerr. Price Policy, Irreversible Investment, and the Scale of Agricultural Mechanization in Egypt. *Research in Middle East Economics*, Vol. 5, 2003: 161 – 185.

［152］Kathleen K. *An Overview of the Canadian Agriculture and Agri – food Systems*. Agriculture and Agri – Food, Canada, 2011: 143 – 157.

［153］Krishnasreni S. Thongsawatwong P' Status and Trend of Farm Mechanization in Thailand. *Agricultural Mechanization in Asia, Africa and Latin America*, 2004, 35 (1): 59 – 66.

［154］Leamer E. E., *Sources of International Comparative Advantage: Theory and Evidence*. MIT Press, Cambridge, MA, 1984.

［155］Lee C., D. Wills and G. Schluter. Examining the Leontief Paradox in US

Agricultural Trade. *Agricultural Economics*, Vol. 2, No. 3, 1988, pp. 259 – 272

［156］Marion Desquilbet and Herve Guyomard. Taxes and Subsidies in Vertically Related Markets, *American Journey Agriculture* 2002, 84（4）: 1033 – 1041.

［157］Moyer H W, Josling T E. *Agricultural Policy Reform: Politics and Process in the EC and the USA*. Lowa State: Lowa State University Press, 1990: 283.

［158］Moyer W, Josling T. *Agricultural Policy Reform: Politics and Process in the EU and US in the* 1990s, 2005.

［159］Nazrul Islam. Growth Empirics: A Panel Data Approach. *Quarterly Journal of Economics*, 1995, Vol. 110（4）: 1127 – 1170.

［160］OECD. *Agricultural Policies in OECD Countries: at a Glance*. Paris: OECD, 2009: 53 – 54.

［161］R. Boadway and A. Shah. *Inter Governmental Fiscal Transfer: Principles and Practice*, Washington D. C. : The World Bank, 2007.

［162］Stern R. M. Testing Trade Theories. *International Trade and Finance: Frontiers for Research*. Cambridge, Vol. 197, No. 8, 1975, pp. 3 – 49.

［163］Tingting Wu. *An Investigation of the Leontief Paradox using Canadian Agriculture and Food Trade: An Input – Output Approach*. Theses of Master of Science, McGill University, 2012.

［164］Tran, T. , Son, H. , Information System of Agriculture for Supporting Market and Trade Promotion in Agriculture and Forest Production. *Journal of Agricultural Economics*, 2008, 50（4）: 32 – 51.

［165］Woodhouse, P. New Investment, Old Challenges. Land Deals and the Water Constraint in African Agriculture. *Journal of Peasant Studies*, 2012, Vol. 39（3 – 4）: 777 – 794.

［166］World Bank. *China Farmers Professional Associations Review and Policy Recommendations, East Asia and Pacific Region*, The World Bank, Washington D. C. , 2006.

［167］WTO. *Trade Policy Review: European Communities*, . Report by the Ecretariat, 2009.

［168］Yao, Yang. The Development of the Land Lease Market in Rural China. *Land Economics*, 76（2）, 2000.

［169］Yavas, Abdullah. Does Too Much Government Investment Retard Economic

Development of A Country. *Journal of Economic Studies*, 1998, 25 (4): 296 – 308.

［170］ Zhou, Y. , Singh, N. and P. D. Kaushik. The Digital Divide in Rural South Asia: Survey Evidence from Bangladesh, Nepal and Sri Lanka. *IIMB Management Review*, 2011, 23 (1): 15 – 29.